당신에게 꼭 필요하지만

# 당신에게 없는 한 가지

당신에게 꼭 필요하지만

# 당신에게 없는 한 가지

이임광 지음

# 당신에게 없는 한 가지

1판 1쇄 발행  2012년 7월 25일

지은이        이임광

펴낸이        이임광
책임편집      김이슬
편집          오윤진 한라경 손민지
마케팅        이병옥 김석현 박진영
디자인        이지혜 박마리아
경영지원      임정훈 이유미

펴낸곳        공감의기쁨
전화          02)333-8276
팩스          02)323-8273
등록          2011년 7월 20일 제 313-2011-204호
주소          서울시 마포구 성산동 261-38번지 베아트리스 101호
e-mail        goodbook2011@naver.com

ISBN          978-89-97758-07-4 (03320)

누구나 가슴속에 파랑새 한 마리쯤은 있다.

# 차례

# 01

당신에게
꼭 필요하지만
당신에게 없는
한 가지

우리에게 꼭 필요하지만 우리에게 없는 것은 사실 눈에 보이지 않는 것이라는 사실만은 분명하다.
어린 시절 내게 필요한 그 한 가지가 나이키 운동화가 아니었던 것처럼 말이다.

어린 시절 나이키 운동화를 한 켤레 갖고 싶었습니다.

친구들이 그 운동화를 신고 다니며 자랑하는 것이 부럽기도 하고 약도 올랐습니다.

내 머릿속은 온통 그 메이커로 가득 찼습니다.

그 운동화 한 켤레만 가지면 소원이 없을 것 같았습니다.

하지만 형편이 넉넉지 못한 어머니는 나의 얘기를 들은 척도 하지 않으셨답니다.


그러던 어느 날 어머니를 따라 남대문인지 동대문인지 시내에 있는 큰 시장에 가게 되었습니다.

그곳에서 두 다리가 없는 남자가 큼지막하게 오린 검정 튜브를 바지 삼아 두르고 기어 다니며 구걸하는 것을 보았습니다.


돌아오는 버스 안에서 생각했습니다.

나를 완전한 존재로 만들어줄 것만 같았던 나이키 운동화가 어떤 사람에게는 아무 소용이 없는 물건이란 사실을.

이 문제 하나만 해결되면 아무 걱정이 없다고요?

도대체 그 한 가지가 무엇입니까?

무엇이 당신을 불만족스럽고 불완전한 존재로 만들고 있습니까?

당신에게 꼭 필요하지만 당신에게 없는 한 가지는 무엇입니까?


일자리를 구하지 못한 청년에게 꼭 필요하지만 그에게 없는 한 가지는 아마도 직장일 것입니다.

직장인들에게는 걱정이나 불만이 없을까요?

그들에게도 꼭 필요하지만 없는 한 가지는 있을 겁니다.

더 많은 월급, 눈치 보지 않고 떠날 수 있는 휴가, 도저히 기대할 수 없는 상사의 한마디 칭찬 같은 것일지도 모릅니다.

과년한 싱글들에게 꼭 필요한데도 없는 한 가지는 배우자이겠지요.

돈도 모아놓았고 결혼 날짜까지 잡아놓았으니 이제 결혼할 사람만 있으면 된다고 자조하는 친구도 있습니다.

그런데 왜 결혼한 사람들은 자신이 원하는 배우자를 만나 함께 살면서도 평생 불평을 늘어놓는 것일까요?


돈 없는 사람이 부자가 된다고 해서 '꼭 필요하지만 그에게 없는 한 가지'가 사라지지는 않을 것 같습니다.

그 한 가지를 아무리 취하고 채워도 여전히 남은 한 가지가 있을 것입니다.

정말 소원하던 그 한 가지를 가지고도 또 다른 한 가지가 생기는 것은 처음부터 영원히 채울 수 없는 인간의 욕망 때문인지도 모릅니다.


영원히 채워지지 않는 한 가지가 있다는 것이 절망적이지만은 않습니다.

그렇게 끊임없이 또 다른 한 가지를 얻기 위해 우리는 계속 꿈을

꾸고 도전할 테니까요.

그것이 어쩌면 우리가 살아가는 이유일 겁니다.

정말로 우리의 삶을 온전하게 채워줄 절대적인 마지막 한 가지
는 없는 것일까요?

나는 적지 않은 사람을 인터뷰하면서, 책을 읽으면서, 지나온 시
간을 돌아보면서 그 절대적인 마지막 한 가지를 찾고 싶었습니다.

모르겠습니다. 내가 그 한 가지를 찾아냈는지.

어쩌면 너무 많은 것을 찾아냈는지도 모릅니다.

그래서 그 한 가지가 이것이다 하고 말하지 못하는 것인지도.

나 역시 욕심이 너무 컸던 것일까요.

나는 그 여러 가지 가운데 내가 그토록 찾아내려 했던 한 가지, 여
러분이 가지고 싶었던 한 가지가 포함되어 있기를 바랄 뿐입니다.

우리에게 꼭 필요하지만 우리에게 없는 것은 사실 눈에 보이지 않는 것이라는 사실만은 분명합니다.

어린 시절 내게 필요한 그 한 가지가 나이키 운동화가 아니었던 것처럼 말입니다.

# 02

# 마법의
## 소파에
### 앉는다면

아주 쉬운 문제 하나 내겠습니다.

붉은 소파가 하나 있습니다. 이 소파에는 유명하거나 유명하지 않은 사람이 차례로 앉아 어떤 질문에 답을 합니다. 대답을 읽고 무슨 질문에 대한 답인지 맞춰보시기 바랍니다.

붉은 소파에 앉은 침팬지 연구가 제인 구달이 이렇게 대답했습니다.

> "야생 어미 침팬지가 새끼와 내가 접촉하는 것을 처음으로 허락한 것이죠."

포르투갈에 사는 호제리우 콘세이상 갈라르두라는 어부는 "물고기를 잡아 식구들을 먹여 살리는 것"이라고 말했습니다.

영국에 사는 나일 쇼트라는 군인은 "이라크에서 살아 돌아왔다는 사실"이라고 했고, 나토 평화유지군 의무 장교인 마리나 발테

르는 "코소보에서 만난 아이들의 미소나 그들의 병을 치료하는 일 같은 것"이라고 대답했습니다.

독일에 사는 토마스 홉이라는 항구 노동자는 "어머니의 병이 나아 퇴원한 것"이라고 했고, 아일랜드의 사진작가 제프리 오데이비스는 "아내와 잠을 자는 것"이라고 했으며, 라트비아에 사는 미용사 빅토리야 우르슐레비치 마쿨레비카는 "봄날 드라이브를 갔다가 새들이 물고기 잡는 모습을 본 것"이라고 대답했습니다.

러시아 신문기자 알렉산드르 보빈은 "흘러가는 시간을 멈추고 싶은 상태이며 적절한 시점에 그 순간을 잘 붙잡는 것"이라고 대답했고, 옛 소련 대통령인 미하일 고르바초프는 "여성들과 아이들, 조국, 지구를 사랑하는 것"이라고 했습니다.

아이슬란드에 사는 여고생 클라라 시구르다도티르는 "동생이 태어난 순간"이라고 했고, 폴란드 초등학생 아그니에슈카 므로스는 "일 년 전에 오디오가 생긴 것"이라고 대답했습니다.

독일의 사진작가 호르스트 바커바르트는 30년 넘게 붉은 소파를 싣고 다니며 세계 곳곳에 있는 사람을 만나 소파에 앉히고 사진을 찍고 있습니다. 지금까지 무려 2만5천 명이 이 붉은 소파에 앉았답니다. 누구든 이 소파에 앉는 순간 인생의 진정한 주인공이 된다고 합니다.

문제가 너무 쉬워 굳이 답은 알려주지 않겠습니다. 다만 내가 붉은 소파에 앉아 그 질문을 받는다면 요즘 같아선 이렇게 대답할 것 같습니다.

"내가 경영하는 출판사 직원들에게 월급을 줄 수 있는 것입니다."

여러분은 붉은 소파에 앉아 질문을 받으면 뭐라고 대답하시겠습니까? 아주 편안하게 말씀해보시기 바랍니다.

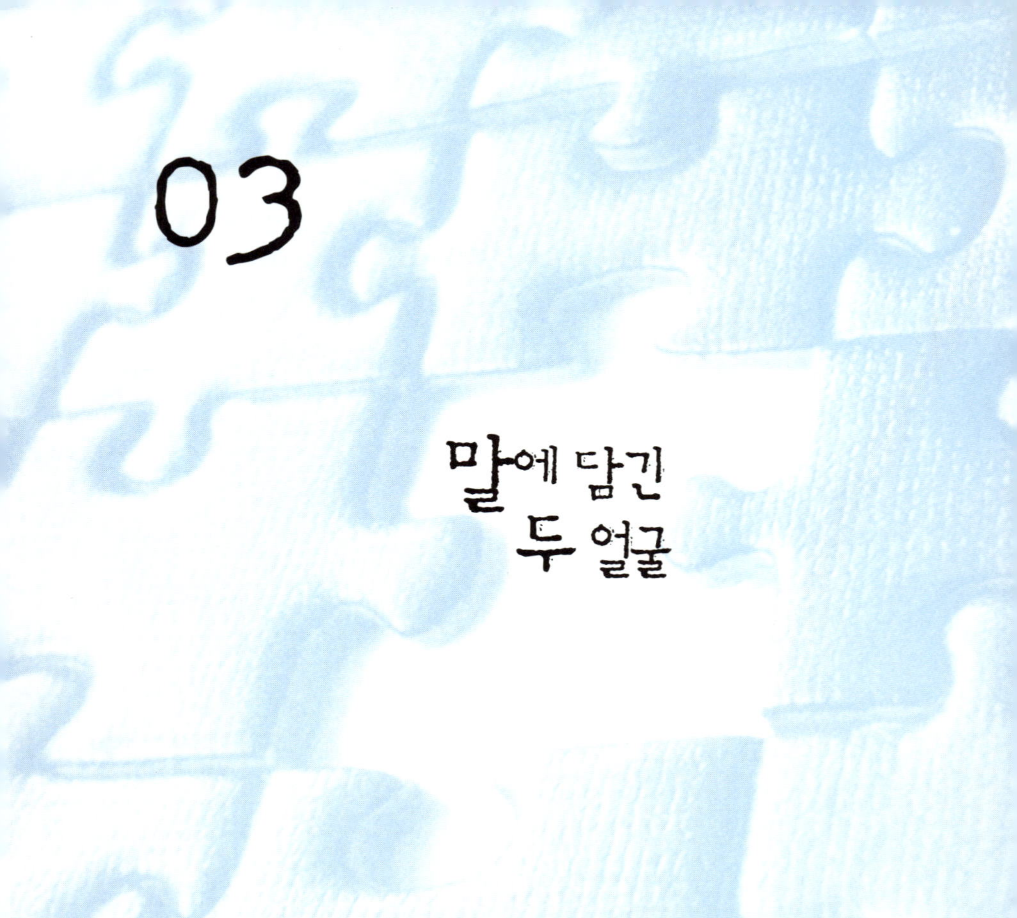

# 03

말에 담긴
두 얼굴

"최선을 다하겠다"는 말 속엔
'만약 일이 성사되지 못하더라도 내 책임은 아니다'라는 변명이 들어 있다.
빠져나갈 구멍을 미리 만들어놓는 아주 비겁한 태도일지도 모른다.
프로라면 자신의 일에 책임을 져야 한다.

"언제 술 한잔하자."

이렇게 말하는 선배에게 그 자리에서 날짜를 못 박자 하면 무척
이나 당황해 할 겁니다.

"또 찾아뵙겠습니다."

이렇게 말하고 간 사람 중엔 찾아올 일이 없으면 영영 안 찾아올
이들이 많을 겁니다.

"꼭 참석하셔서 자리를 빛내주시면 감사하겠습니다."

막상 그 자리에 가보면 나보다 빛나는 사람이 많습니다.

"만나뵙게 되어 영광입니다."

이렇게 첫인사를 하는 사람은 난처한 부탁을 할 가능성이 있으
므로 즉시 내 쪽에서 더 영광이라고 해야 합니다.

"평생 손에 물 안 묻히고 살게 해줄게."

이렇게 청혼한 남편은 바가지 긁는 아내에게 고무장갑을 선물할
지도 모릅니다.

"일찍 들어갈게."

날마다 전 이렇게 말하지만, 아내는 이 말을 믿지 않은 지 오래입
니다.

"제 취미는 독서입니다."

한마디로 취미가 없다는 얘기입니다.

"마음이 고와야 여자지."

그럼 마음씨 나쁜 미인은 남자일까요?

"남자는 군대를 갔다 와야지."

이런 분에게 다시 입대할 생각이 있느냐고 물어보면 뭐라 할까요?

"능력 있는 사람보다 열정이 있는 인재를 원합니다."

이런 회사는 지원자의 학력과 영어성적에서 열정을 찾아내는 놀라운 채용술을 가지고 있습니다.

"이 회사는 여러분의 것입니다."

정말로 그렇다면 내 회사에서 해고당할 일은 절대로 없을 겁니다.

"기사 잘 보고 있습니다."

기사 안 쓴 지가 3년도 더 되었는데, 이런 인사를 받으면 어떻게 대답해야 할지 모르겠습니다.

"갈수록 젊어지는 것 같아."

제가 철이 없어 그렇습니다.

"국민 모두가 응원해준 덕분입니다."

만약 경기에서 졌다면 우리의 응원이 부족해서일까요?

"먹는 것도 없는데 살이 쪄요."

그 비법을 결식아동들에게 전수해주면 좋을 것 같습니다.

별 뜻 없이 하는 관용적 표현을 이렇게까지 비틀어 해석하는 것이 결코 아름답진 않지만, 한마디라도 진심을 담아 말한다면 더 큰 신뢰를 줄 것 같습니다.

"최선을 다하겠다"는 말 속엔 '만약 일이 성사되지 못하더라도 내 책임은 아니다'라는 변명이 들어 있습니다. 빠져나갈 구멍을 미

리 만들어놓는 아주 비겁한 태드일지도 모릅니다. 프로라면 자신
의 일에 책임을 져야 하겠지요.

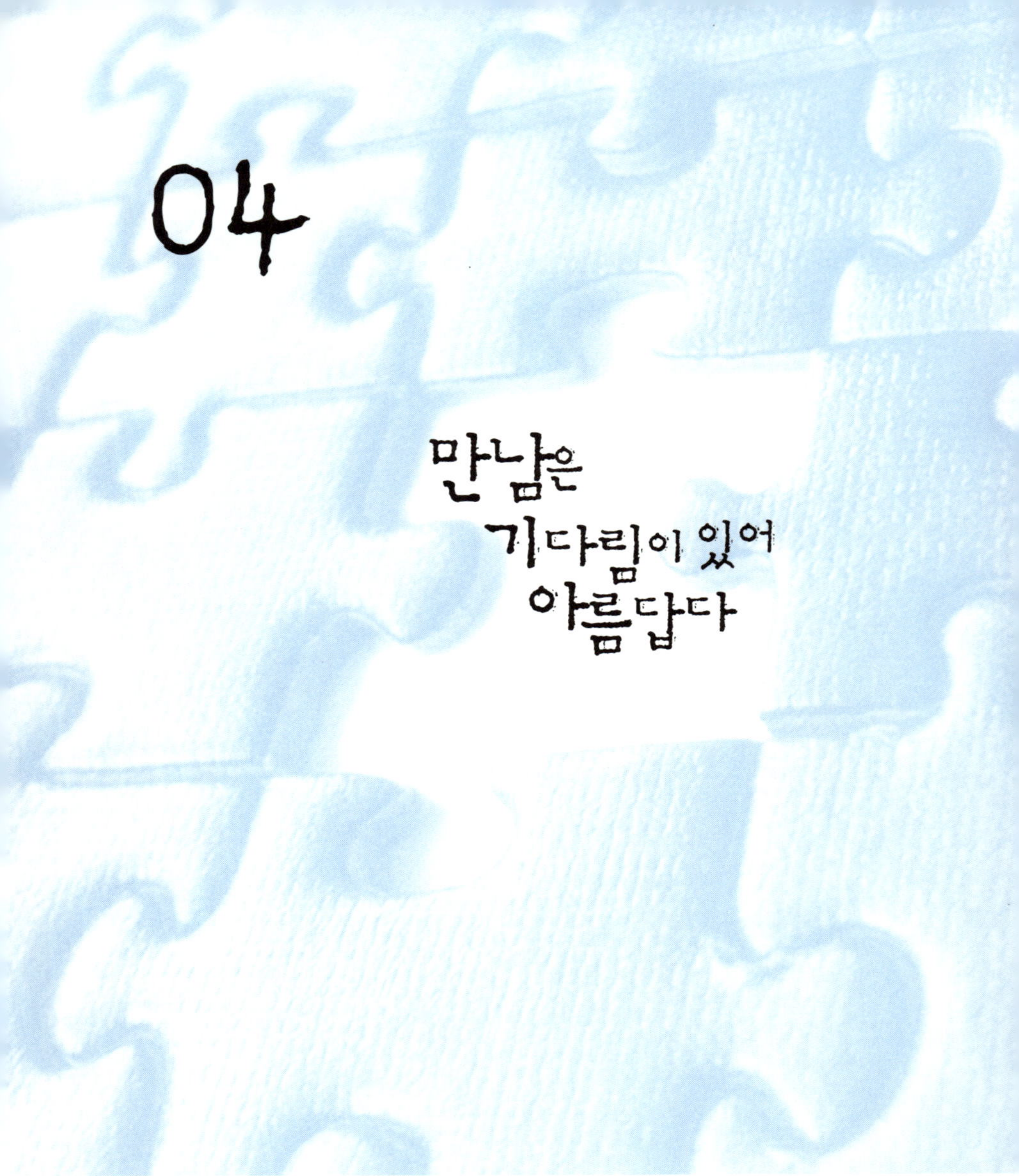

# 04

만남은
기다림이 있어
아름답다

만남의 기적보다 놀라운 것은
할머니에게 반세기 가까운 기다림이
고통만이 아니었다는 사실이다.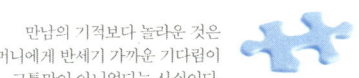

하루는 기다림으로 시작해 기다림으로 끝납니다.

출근길 버스를 기다리고,
점심시간을 기다리고,
주문한 음식을 기다리고,
만나기로 한 사람을 기다리고,
퇴근시간을 기다리고,
다음 날 출근길 버스를 또 기다립니다.

반복된 기다림은 지루합니다.
세상은 엇갈리거나 변덕스러운 기다림으로 가득합니다.

실연을 당한 사람은 떠나간 연인이 돌아오길 기다리고,
떠난 연인은 새로운 연인의 전화를 기다립니다.

어머니는 군대 간 아들을 기다리고,
군대 간 아들은 여자친구가 면회 오길 기다립니다.

기러기 아빠는 가족을 기다리고,
가족은 더 많은 송금을 기다립니다.

늙은 부모는 자식들이 찾아오길 기다리고,
자식은 세상을 떠난 부모를 꿈에서라도 만나길 기다립니다.

아내와 아이들은 집에서 저를 기다리고,
저는 오늘도 퇴근 후 술친구를 기다립니다.

아이 없는 부부는 아이가 태어나길 기다리고,
아이가 생기면 아이가 빨리 자라기를 기다립니다.

싱글은 결혼하길 기다리고,
결혼한 사람은 배우자가 여행을 떠나길 기다립니다.

중생은 부처님이 오시길 기다리고,
부처님은 중생이 깨닫길 기다립니다.

이런 기다림은 안타깝고 때론 억울하고 절망적이기까지 합니다.
그런데도 사람들은 기다리고 또 기다립니다.
어쩌면 우리 삶에서 만남의 시간보다 기다림의 시간이 훨씬 더
긴지도 모릅니다.
누군가를, 무언가를 기다리다 생을 마감하는 것은 아닌지….

기다림이 허무하다 싶으면 기다리지 않는 게 현명하다는 생각도
합니다.

오래전 꽤나 큰 상처를 주고 떠난 첫사랑 그녀도 시 구절을 빌려 이렇게 저를 위로했답니다.

"오지 않을 사람을 기다리며 불 꺼진 간이역에 서 있지 말라."

독일에서 온 레나테 홍 할머니를 만난 적이 있습니다.
할머니는 기다림에 관해 다른 생각을 가지고 계셨습니다.
북한 유학생 홍옥근과 가약을 맺은 할머니는 어느 날 갑자기 남편이 귀환 명령을 받고 떠난 뒤 두 아들을 키우며 47년 동안이나 첫사랑을 기다렸답니다.
수취인 불명의 편지를 보낼 때마다 사람들은 부질없다며 잊으라 했지만 할머니는 기다림의 끈을 놓지 않았고 마침내 남편과 상봉했습니다.
만남의 기적보다 놀라운 것은 할머니에게 반세기 가까운 기다림이 고통만이 아니었다는 사실입니다.

'아름다운 기다림' 레나테가 말합니다.

"만남은 기다림이 있어 더 아름다운 것입니다. 가슴속에 언제나 그 사람
이 함께했기에 기다림은 두렵지 않았습니다."

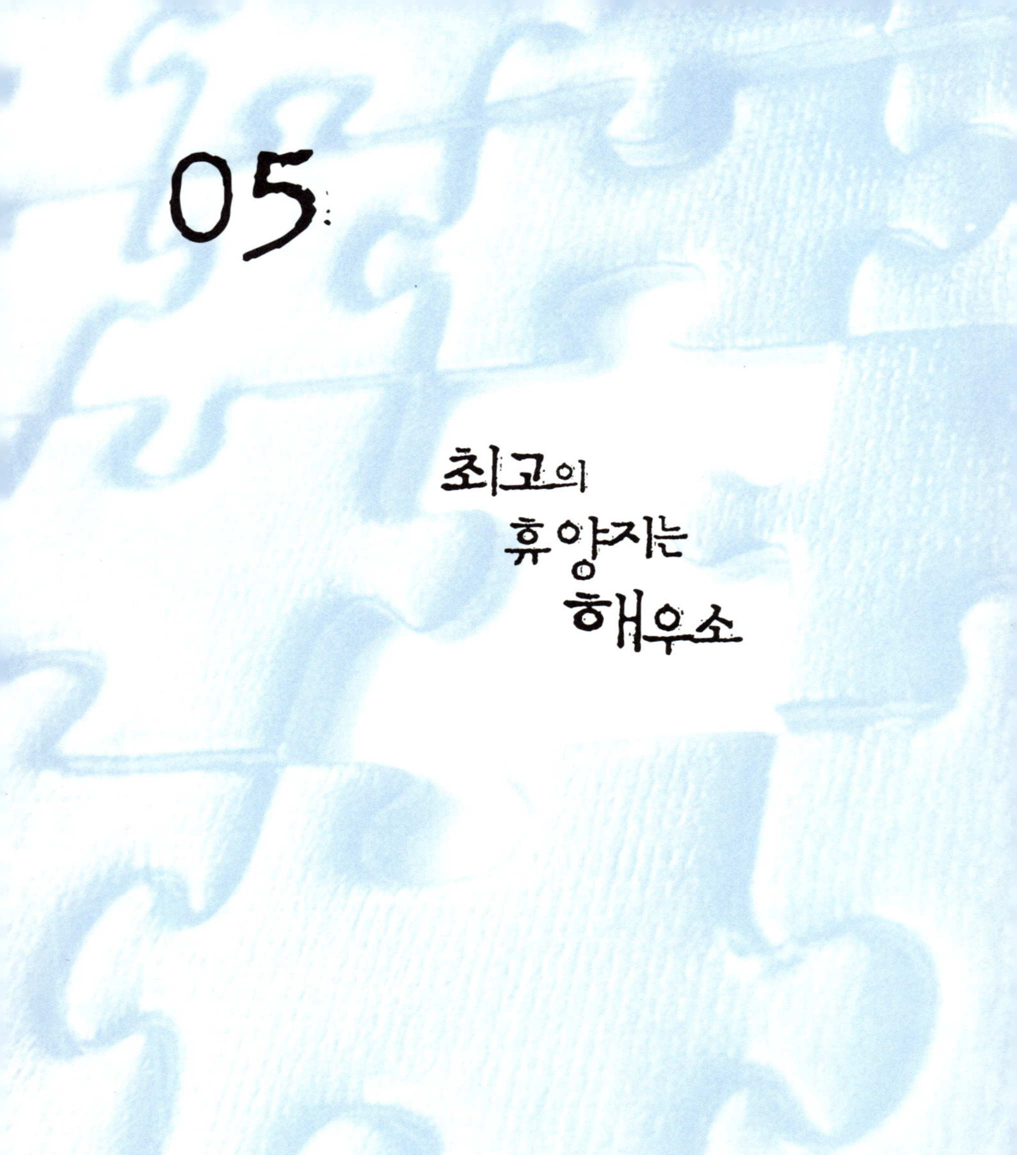

# 05

## 최고의
## 휴양지는
## 해우소

돈과 시간을 쓰며 여행하지 않고도 여행의 효과를 얻을 수 있는 방법이 있다.
지금 우리가 사는 이곳에서 여행자처럼 마음을 다스리는 기술을 터득하는 것이다.

근심을 풀러 들어간 해우소解憂所에 앉아 신문을 보다가 하단 광고면에 빼곡한 해외여행 상품들에 눈이 가면 마음은 이미 푸껫·괌·하와이를 돌아 호주까지 날아가 있습니다. 마음이 탑승하는 데는 항공료가 안 드니까요. 아쉬운 대로 제주도라도 떠나볼까 하지만 그것도 만만치 않습니다.

사주에 역마살이 있는 것도 아니고 여행 마니아도 아니면서, 또 그중 몇 곳은 가본 적도 있는데 이상하게 화장실 안에서 신문만 펴면 여행 중독증에 걸린 것처럼 안달이 나는 건 왜일까요?
막상 가본들 텔레비전이나 잡지에서 본 것과 다르면 얼마나 다르겠습니까. 들인 돈과 시간이 아까워 애써 다르다고 합리화하는 것인지도 모릅니다.

끊임없이 여행을 떠나고 싶은 것은 꼭 어느 좋은 곳에 가고 싶어서가 아니라 지금 있는 곳을 탈출하고 싶은 마음이 더 간절해서가 아닐까 싶습니다. 낯선 곳에서 무거운 짐을 들고 하루 종일 돌아다니면서도 짜증보다는 즐거움이 더 큰 이유가 뭘까요? 우리가 사는 곳에서 짊어진 삶의 무게보다 묵직한 여행 가방이 더 가볍게 느껴지고, 사는 곳의 익숙함보다 여행지의 낯섦이 더 편안하다니….

여행지에서 행복함을 느끼는 것은 어쩌면 생활공간에서 겪는 편치 않은 인간관계와 미래에 대한 막막함을 잠시라도 잊을 수 있기 때문이 아닐까요?

여행지에서는 현지인들과 언어소통이 잘 안 되더라도 다투지않을 겁니다. 누가 좀 실례를 한다고 쉽게 화를 내지도 않겠지요. 그 나라 정치도 경제도 문화도 이방인 입장에서야 다소 못마땅해도 봐주고 넘어가겠지요. 그냥 잠시 머무는 곳이니까 모든 걸 너그럽게 이해할 수 있는 겁니다. 볼거리·먹을거리가 많아서라

기보다 마음이 넓어지는 것이 여행의 진정한 즐거움이 아닐까
합니다.

그렇다면 돈과 시간을 쓰며 여행하지 않고도 여행의 효과를 얻
을 수 있는 방법이 있을 것 같습니다. 지금 우리가 사는 이곳에서
여행자처럼 마음을 다스리는 기술을 터득하는 것이지요. 낯선 곳
에서 만난 외국인을 대하듯 너그럽게 동료를 대하고 일이 좀 힘
들더라도 여행하면서 견문을 넓히려 발품 판다 생각하며 즐기는
겁니다. 사실 인생도 전생과 다음 생을 생각하면 짧은 여행일 테
니까요.

여행을 통해 우리가 살고 있는 이 공간, 이 시간의 소중함을 깨달
을 수 있습니다. 그러고 보면 제가 지금 앉아 있는 해우소가 세계
에서 가장 좋은 휴양지가 아닌가 합니다.

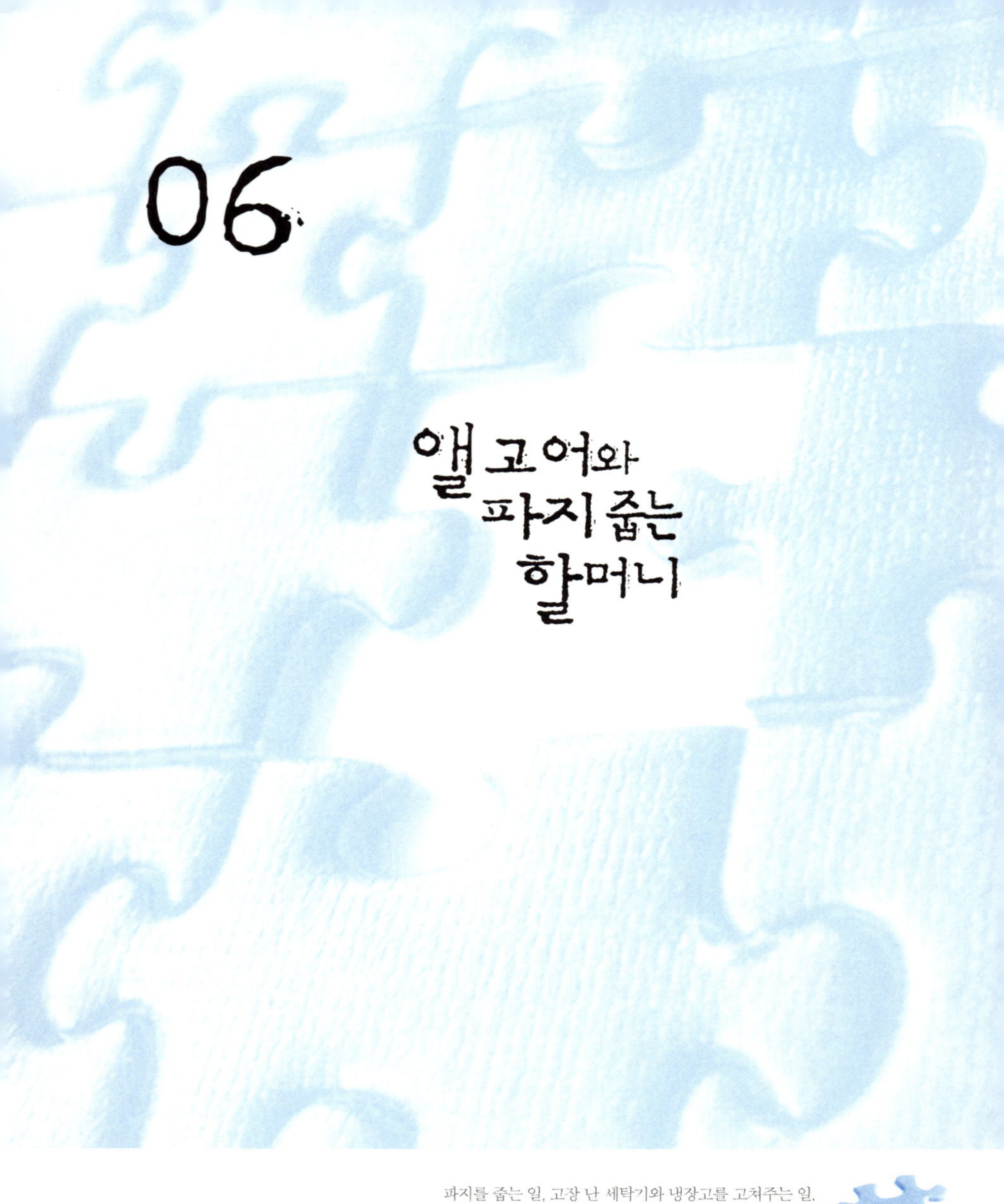

# 06

## 앨 고어와
## 파지 줍는
## 할머니

파지를 줍는 일, 고장 난 세탁기와 냉장고를 고쳐주는 일,
구두를 닦고 수선하는 일은 모두 생계를 위한 선택이다.
그걸 보면서도 우리는 언제나 쓸데없고 사치스러운 고민을 하며 망설인다.

서울 성산동 우리 출판사 사무실 앞 골목에는 낡고 무거운 리어카를 힘겹게 끌며 파지를 주워 담는 할머니가 있습니다. 승용차 한 대가 그 뒤를 따라가며 경적을 울릴까 말까 망설입니다.

서울 의주로 인도에는 고객만족이 아니라 고객감동을 추구한다며 장갑도 끼지 않은 손으로 검정 구두약을 듬뿍 바르고 지문이 닳도록 광을 내는 30년 경력의 베테랑 구두전문가가 있습니다. 나는 구두를 닦을 때마다 집에 있는, 오랫동안 안 신은 구두를 가져올까 말까 갈등을 하다 차일피일 미뤄왔습니다.

일요일 나른한 오후에는 "고장 난 텔레비전, 세탁기, 냉장고, 컴퓨터 고칩니다"를 외치는 카랑카랑한 목소리가 낮잠을 깨우곤 합니다. 그럴 때면 누운 채로 고장 나 못 쓰는 컴퓨터를 들고 나갈까 말까 수십 번도 더 생각하다 결국 이불을 뒤집어쓰고 맙니다.

내가 사는 방화동 아파트 앞 세탁소에 가면 옷을 수선하는 솜씨 좋은 조선족 아주머니가 있습니다. 드라이클리닝을 맡겨둔 양복을 찾으러 갈 때마다 옷장 안에 있는, 커서 못 입는 바지를 가져와 줄일까 말까 고민하다 결국 포기하고 돌아옵니다. 그러다 어디서 할인을 한다 하면 망설이지 않고 차를 몰고 나갑니다.

변두리 고물상에는 하루 종일 병 속에 들어 있는 담배꽁초를 빼내고, 5백 원짜리 연필 칼로 전선 피복을 벗기는 할머니들이 있습니다. 아파트 주민들은 고물상 때문에 집값이 떨어진다고 여깁니다. 그리고 재개발이 이루어질 때까지 계속 살 것인가, 아니면 다른 곳으로 이사 갈 것인가를 두고 망설이고 있습니다.

어머니는 반찬값을 아끼려 옥상에 크고 작은 화분을 수십 개나 놓고 고추며, 상추며, 들깨를 심어 키우고 있습니다. 하지만 저는 무공해 유기농이라며 집에서 먹자는 어머니 뜻을 따를 것인가, 어머니를 설득해 차를 타고 외식을 하러 갈 것인가 늘 고민합니다. 파지를 줍는 일, 고장 난 세탁기와 냉장고를 고쳐주는 일, 구두를 닦고 수선하는 일, 고물상에서 병 속 담배꽁초를 빼내는 일, 집에서 화분으로 텃밭을 가꾸는 일은 모두 생계를 위한 선택입니다. 그런데 우리는 그분들이 생계를 위해 선택한 일을 보면서도 언제나 쓸데없고 사치스러운 고민을 하며 망설입니다.

미국 부통령을 지낸 저명한 환경운동가인 앨 고어는 성산동에서 파지 줍는 할머니나 방화동 고물상을 찾아온 적이 없습니다. 텃밭을 고집하는 우리 어머니를 만난 적은 더욱 없습니다.
그런데 공교롭게도 그가 쓴 《우리의 선택》을 보면, 지구와 인간을 살리기 위한 선택은 그분들이 생계를 위해 한 선택과 다르지 않습니다. 우리만 선택을 잘못하고 있는 건 아닌지 모르겠습니다.

# 07

## 죽음보다 강한 희망

"무엇 하나 가지고 태어나지 않았듯 세상을 떠날 때도 두려움은 없다.
정상을 밟는 것은 나 혼자지만, 오를 때는 모두와 함께한다는 믿음이 있다.
믿음은 희망이며, 그것은 죽음보다 강한 것이다."

5년 전쯤, 네팔에서 온 민 바하두르 셰르찬이란 노인을 만났습니다. 당시 그는 일흔일곱의 나이로 해발 8,850미터의 세계 최정상 에베레스트에 올라 '최고령' 등정 기록을 세우겠다고 했습니다.

셰르찬이 노구를 이끌고 위험천만한 모험에 나선 것은 기록 때문이 아니었습니다. 후원금과 성공할 경우 받게 되는 상금으로 네팔의 불우 노인을 위한 복지센터를 짓기 위해서였습니다. 그런 시설이 전혀 없는 네팔에는 생활고를 견디다 못해 스스로 목숨을 끊는 노인도 적지 않다고 했습니다.

젊은 시절 셰르찬은 세계 곳곳을 용병으로 떠돌았다고 합니다. 고국으로 돌아온 그는 네팔 최초의 사과농장을 조성했습니다. 네팔은 고도가 높아 사과를 재배할 수 없었는데, 숱한 시행착오 끝에 수확에 성공한 것입니다. 가난한 네팔 국민에게 사과를 실컷 먹게 해주려는 일념으로 이룬 쾌거였습니다.

셰르찬이 말했습니다.

> "그때도 모두가 안 된다고 말렸지만 포기하지 않았습니다. 나이가 많아도 신념만 있으면 못 오를 산이 없습니다."

그동안 2천 명이 넘는 사람이 에베레스트 정상을 밟았지만, 에베레스트는 젊은 알피니스트에게도 위험한 산입니다. 도전한 사람들 가운데 2백 명 이상이 목숨을 잃었다고 합니다.

나는 셰르찬의 안전이 걱정되었습니다. 하지만 아침을 거른 그에게 샌드위치와 따뜻한 차 한 잔을 대접하고, 그의 도전을 알리는 조그만 기사 한 편을 쓰는 것이 제가 할 수 있는 전부였습니다. 셰르찬은 몸조심하라는 내게 이런 말을 남기고 네팔로 떠났습니다.

"무엇 하나 가지고 태어나지 않았듯 세상을 떠날 때도 아쉬움이나 두려움은 없습니다. 정상을 밟는 것은 나 혼자지만, 오를 때는 모두와 함께한다는 믿음이 있습니다. 믿음은 희망이며, 그것은 죽음보다 강한 것입니다."

가난한 조국, 불우한 이웃, 그리그 자신을 믿는 모든 이와 함께한다고 믿으며 셰르찬은 정상을 향해 죽음보다 강한 희망을 느끼고 있었습니다. 그에게 등정은 '산을 오르는 것' 이상의 무엇입니다. 셰르찬 같은 알피니스트에게 도전은 정복보다 값진 것입니다.

정상을 향한 아름다운 도전,
그것은 감동입니다.

# 08

피아노의 시인
쇼팽도
한때는
열등감의 노예

아침마다 환청처럼 들리는 피아노 소리에 잠을 깨곤 한다.
눈을 떠보면 옛날 그 아이보다 백배쯤 더 예쁜 딸아이가
건반 위에서 손가락 춤을 추고 있다.

초등학교 시절 우리 반에는 공주처럼 예쁜 여자아이가 있었답니다. 노래도 아주 잘 불러 방송국 어린이합창단의 멤버로 활약할 정도로 특별한 아이였습니다. 아마 남자아이들치고 좋아하지 않은 아이가 없었을 겁니다.

나 역시 그랬답니다. 하지만 일 년을 같은 반에서 지내면서도 말 한마디 걸지 못했습니다. 말은커녕 얼굴도 똑바로 쳐다본 적이 없었죠. 아, 맘 놓고 그 아이 얼굴을 볼 때가 있긴 했습니다. 텔레비전에 나와 노래를 부를 때였죠. 합창단에서도 단연 돋보여 카메라가 그 아이를 많이 비춰준 덕분에 원 없이 볼 수 있었습니다.

텔레비전 속 얼굴과 함께 제가 그 아이에 대해 기억하는 것은 피아노 소리입니다. 교문 맞은편 골목에 그 아이 집이 있었는데, 종종 짓궂은 남자아이들이 몰려가 그 애 이름을 부르고 도망치곤 했답니다. 저는 그만한 용기도 없어 몰래 그 집 앞을 서성이곤 했습니다. 시간에 맞춰 가면 꽤 오랫동안 피아노 소리를 들을 수 있었기 때문입니다. 확인할 순 없었지만 그 아이가 치는 피아노 소리라고 생각하면서 말입니다.

서로 다른 중학교에 들어가면서 그 아이와 헤어지게 되었습니다. 말 한마디 못 붙여봤으니 헤어졌다 할 수도 없지만. 더 이상 어린이가 아니므로 텔레비전에서도 얼굴을 볼 수 없었습니다. 그 집 앞에서 가끔 피아노 소리를 들을 수 있는 것이 그나마 다행이었습니다.

대학에 들어가 반창회에서 그 아이와 역사적인 재회를 했습니다. 여전히 돋보이는 모습과 성악을 전공한다는 말에 친구들 모두 부러워했답니다. 하지만 그날도 전 말 한마디 못 붙인 채 돌아와야 했습니다.

어릴 때도, 자라서도 그 아이에게 다가갈 수 없었던 건 열등감 때문이었는지 모릅니다. 텔레비전에 나오는 얼굴과 피아노 소리를 그저 바라보고 듣고만 있어야 했던 수줍음이 어쩌면 그 아이가 가지고 있던 풍족하고 화려한 것들에 대한 저의 초라함 때문은 아니었는지….

클래식 음악동화 《쇼팽의 음악편지》를 읽다가 약간의 위로를 받았습니다. '피아노의 시인'으로 불리는 위대한 음악가 쇼팽도 저 못지않은 열등감으로 상처를 받았더군요. 부잣집 딸과 약혼했다 가난하다는 이유로 파혼당했고, 조르주 상드와 인연을 맺지만 나중에 상드의 딸이 가난한 조각가와 결혼하는 것을 동병상련으로 돕다가 결국 상드에게도 버림받습니다.

요즘 아침마다 환청처럼 들리는 피아노 소리에 잠을 깨곤 합니다. 눈을 떠보면 옛날 그 아이브다 백배쯤 더 예쁜 딸아이가 건반 위에서 손가락 춤을 추고 있습니다.

# 09

크게
소리치지
않아도

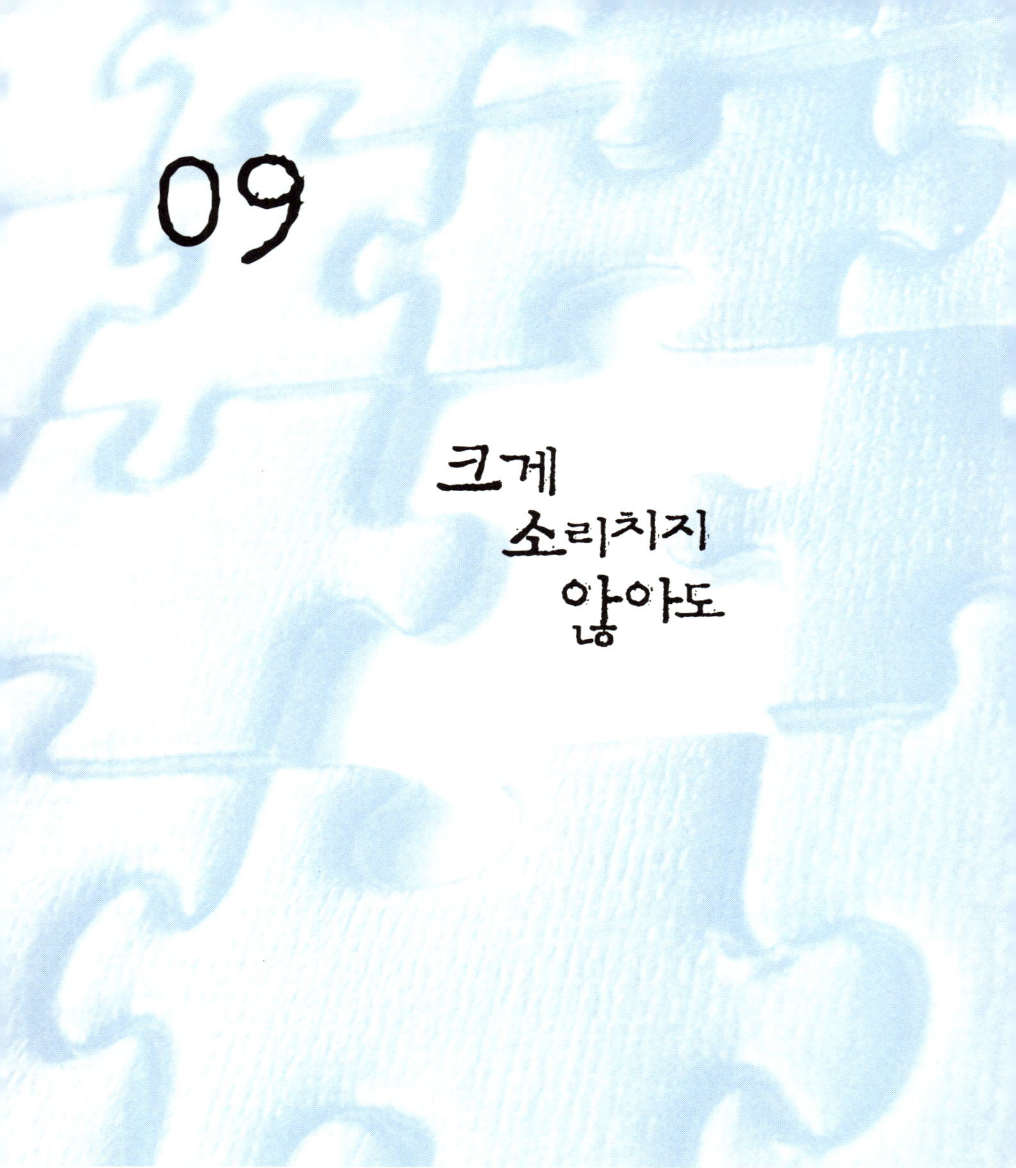

성장이 멈춘 어른도 귀는 계속 자란다는 얘기가 있다.
나이를 먹을수록 경청하라는 조물주의 뜻이 아닐까.
예전에 만난 연로하고 겸손한 CEO도 귀가 아주 컸던 기억이 난다.

나의 가장 큰 단점은 말이 많은 것입니다. 몇 해 전 연세가 아주 많은 CEO를 인터뷰하게 되었는데, 너무 점잖고 겸손해 극도로 말을 아끼는 분이었습니다. 꽤 긴 분량의 기사를 써야 했기에 녹취를 해두었는데, 기사를 쓰려고 녹음을 풀다가 하마터면 까무러칠 뻔했습니다. 세 시간 넘게 인터뷰한 내용의 대부분이 내 얘기였기 때문입니다. 그제야 내가 얼마나 말이 많은지, 사람들이 왜 그토록 말수를 줄이라고 했는지 알게 되었습니다.

하지만 그 후에도 말수가 줄어든 건 아닙니다. 참 쉽지 않은 일이더군요. 말에도 중독성이 있는 것인지 담배 끊는 일보다 더 힘든 것 같습니다.

내가 말이 많은 이유를 생각해보았습니다. 우선 두려움 때문이 아닐까 합니다. 내가 말하기 전에 상대가 나의 생각을 먼저 넘겨짚을까 두려워서 일단 말부터 하고 보는 겁니다. 방어를 위한 선

제공격 같은 것이지요. 속단과 자기합리화도 말이 많아지게 합니다. 생각 없이 뱉어버린 말이 옳지 않음을 알게 되었는데도 주워 담을 수 없으니까 자꾸 맞다고 우기다 자연스레 말이 많아지는 것이지요.

자신감이 부족한 것도 원인입니다. 자신이 있으면 다른 사람이 나를 어떻게 생각하든 이러쿵저러쿵 해명하지 않아도 될 테니까요. 섣불리 말하고 너무 많이 말을 하다보면 그 말들이 남에게 상처를 주고 부메랑처럼 저에게 상처를 남기기도 하지요.

말 잘하기로 대한민국에서 둘째가라면 서러워할 백지연 앵커도 자신이 쓴《뜨거운 침묵》에서 그 어떤 말보다 강력한 커뮤니케이션 도구가 '침묵'이라고 했습니다. 나를 알아달라고 소리치지 않아도 세상이 나를 알아줄 때까지 생각을 익히고 마음을 채우라고 조언합니다. 승자라고 잘난 척하지도, 패자라고 울분을 터뜨리지도 말고 진정한 자신을 만날 때까지 뜨겁게 내면을 담금질하라고 합니다. 그 뜨거운 침묵의 용광로 속에서 자신이 받은 상처와 받게 될 모든 상처를 완전히 녹여내라고 알려줍니다.

'뜨거운 침묵'을 실천하는 방법으로 나름대로 생각한 것이 있습니다. 바로 '독서'와 '경청'입니다. "하루라도 책을 읽지 않으면 입 안에 가시가 돋친다"는 안중근 의사의 명언도 좋은 글을 읽어 남에게 가시 돋친 말을 하지 말라는 의미가 아닐까 합니다.

경청도 마찬가지이겠지요. 성장이 멈춘 어른도 귀는 계속 자란다는 얘기가 있더군요. 나이를 먹을수록 경청하라는 조물주의 뜻이 아닐까 합니다. 내게 말이 많음을 일깨워준, 예전 인터뷰 때 만난 연로하고 겸손한 CEO도 귀가 아주 컸던 것으로 기억합니다.

# 10

## 거지의
## 평생
## 소원

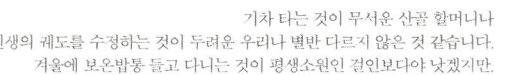

기차 타는 것이 무서운 산골 할머니나
인생의 궤도를 수정하는 것이 두려운 우리나 별반 다르지 않은 것 같습니다.
겨울에 보온밥통 들고 다니는 것이 평생소원인 걸인보다야 낫겠지만.

오래전 들은 우스갯소리인데, 추위와 허기에 떨고 있는 걸인에게 "당신의 평생소원이 무엇이냐"고 물어보면 놀랍게도 "겨울에 보온밥통 들고 다니는 것"이라고 대답한다고 합니다.

편히 쉴 집을 갖고 싶다거나 부자가 되는 것이 아니라 당장 찬밥 먹는 것을 면하는 게 인생의 목표인 셈이지요. 적어도 구걸하는 현재 상황을 바꾸고 싶지는 않은 겁니다.

웃다가도 문득 웃는 게 웃는 게 아니라는 생각이 듭니다. 저 역시 지금 살고 있는 것보다는 더 큰 꿈이 있었을 텐데, 막상 누군가가 평생소원을 말해보라고 한다면, 글쎄요, 뭐라 말해야 할지….

쉼 없이 달려오다 보니 우리 자신도 모르게 정해진 궤도에 인생의 전차를 맡겨놓은 것 같은 무력감을 느낄 때가 가끔은 있을 테지요. 그것이 안정감을 주기도 하지만, 힘들 때마다 레일의 끝이 어느 곳에 닿아 있는지 불안하기도 하고요.

산골짜기에 사는, 한 번도 그곳을 떠나본 적이 없는 할머니에게 기차 타고 서울 가자고 하면 할머니는 "싫여, 난 기차가 싫여"라며 손사래를 칩니다. 할머니가 기차를 싫어할 까닭이 있겠습니까? 말은 싫다지만, 실은 무서운 것이지요. 사람은 두려운 것을 "싫다"고 표현하는 경향이 있다고 합니다. 인생의 항로나 궤도를 바꾸는 것이 싫다고 말할지 몰라도 사실은 변화가 두려운 것이지요.

기차 타는 것이 무서운 산골 할머니나 인생의 전차가 달리는 궤도를 수정하는 것이 두려운 우리나 별반 다르지 않은 것 같습니다. 겨울에 보온밥통 들고 다니는 것이 평생소원인 걸인보다야 낫겠지만 말입니다. 사실 우리가 몸담고 있는 조직도 끊임없이 변화하고 조직도 우리의 변화를 요구하는데 우리가 변화를 두려워하는 까닭은 무엇일까요?

브라이언 트레이시가 쓴《플렉스》를 보면 우리가 인생 항로를 수
정하지 못하는 가장 큰 이유가 '유연성'이 부족하기 때문이라고
합니다. 관성적으로 업무를 보고 경직된 사고방식에서 벗어나지
못하기 때문에 크고 작은 위기에 직면할 때마다 실패하고 좌절
한다는 것입니다.

어떤 위기에도 꺾이지 않는 힘, '플렉스FLEX'를 얻으려면 틀을 깨
고Free, 잠재력을 끌어올리고Lift, 간절히 원하는 것을 얻고Earn, 현
재의 성공을 능가하라고eXcel 알려줍니다.
이 방법이 싫다면사실은 두려운 것이겠지요. 그냥 이렇게 해보시기 바랍
니다.

"어깨의 힘을 빼고 두 팔을 날개처럼 자유롭게 움직여보세요."

# 11

## 따뜻함을
## 요리하는
## 힐링 세프

도쿄 거리를 구석구석 답사했다는 〈미슐랭 가이드〉의 평가단이
서울에도 왔었다면 이렇게 평가했을지도 모르겠다.
"아주 중요한 맛이 하나 빠진 것 같아."

C김치찌개, J순두부, P쌀국수, W대구탕, S뚝배기…. 점심시간, 맛집 앞에서 추위에 떨며 줄 선 사람들을 보면 딱하다 싶다가도 저 역시 발길이 그 대열의 꼬리를 향하곤 합니다.

소문난 맛집이라니 '왕 대접'까진 바라지 않지만 20분 기다려 뒷손님 눈치 보며 10분 만에 후딱 먹고 쫓겨나듯 문을 나서면서도 군소리 한마디 못하는 걸 보면 저도 초급 미식가 축에는 들어가지 않을까 합니다.

황금시간에 못 해도 두 바퀴는 돌리겠다는 맛집들의 열정에 감탄하면서도 내 돈 주고 먹으면서 서비스는커녕 혼자 왔다고 문전박대나 당하지 않으면 다행이니…. 그러고도 그 집을 다시 찾는 것을 보면 맛집에는 보이지 않는 힘이 있는 게 틀림없습니다. 그것이 매력인지 권력인지는 몰라도 말입니다. 도대체 며느리에게도 알려주지 않는 맛집의 비밀은 무엇일까요?

츠지 요시키가 쓴 《세계를 움직이는 미식의 테크놀로지》를 읽고 그 비밀이 별거 아님을 알았습니다. 세계 곳곳에 있는 최고의 맛집을 추천하는 〈미슐랭 가이드〉가 꼽은 여섯 명의 스타 셰프가 들려주는 이야기에는 정작 테크놀로지라고 할 만한 특별한 기술은 없었습니다.

스타 셰프 데이비드 불레이는 자신의 레스토랑이 9·11 테러로 문을 닫게 되자 요리사를 그만두려 했습니다. 그런데 구조대원과 구조된 사람들에게 식사를 제공하는 자원봉사를 하다 자신의 요리를 먹고 기운을 차리는 사람들을 보며 자신이 왜 요리를 계속해야 하는지 깨달았다고 합니다.

식당을 운영하다 쓰러진 어머니 대신 주방을 맡은 미셸 브라스는 가정을 꾸린 후 요리에 대한 생각이 바뀌었다고 합니다. 가족과 음식을 나누어 먹는 기쁨, 식탁에서의 미소, 함께 여행할 때의

풍경과 소소한 대화 같은 행복한 순간을 보물상자에 담아두었다가 요리의 아이디어로 꺼내 쓴다고 합니다.

산티 산타마리아에게 손님은 관객입니다. 그가 운영하는 레스토랑에는 주방에서 펼쳐지는 맛있는 무대를 관람할 수 있는 '셰프의 테이블'이 있습니다. 레스토랑을 시작한 지 25년이 지나 호텔을 운영할 정도로 번창했지만, 그는 '고객을 기쁘게 하고 싶다'는 오픈 당시의 초심을 잃지 않았습니다.

도쿄 거리를 구석구석까지 답사했다는 〈미슐랭 가이드〉의 평가단이 한국에도 왔었는지는 알 수 없습니다. 만약 그들이 서울 맛집을 순례한다면 이렇게 평가할지도 모르겠습니다.

"아주 중요한 맛이 하나 빠진 것 같아."

# 12

## 어머니 곱던
## 얼굴과 손등도
## 살 수 있을까요?

나도 꼭 사고 싶은 게 있다.
세파가 앗아간 어머니의 곱던 얼굴과 손등, 청춘을 사서 돌려드리고 싶다.
얼마 남지 않은 내 청춘을 팔아서라도 말이다.

초등학생이던 1980년대 초, 또래들 사이에선 프로야구단에 연회비를 내고 구단 로고가 박힌 셔츠와 모자, 스티커 따위를 받는 게 유행이었습니다. 하지만 불행하게도 전 그 대열에 끼지 못했습니다. 그때 돈 5천 원이던 가입할 수 있었지만 봉지쌀을 사먹을 만큼 형편이 어려운 어머니에게는 '밥 먹여주는 것'도 아닌 그것이 가당찮은 사치였으니까요.

조르기도 지쳐가던 어느 날, 옆집 사는 두 살 아래 아이를 데리고 구단을 찾아갔습니다. 그 아이 엄마의 부탁을 받고 보호자 노릇을 한 거죠. 절대 부러워하지 않겠다고 다짐했는데 자꾸만 눈물이 나서 놀이터 그네에 앉아 어두워질 때까지 울었습니다.
그날 일은 그 시절 야그스타들과 함께 기억 속에서 사라졌습니다.
그런데 몇 해 전 어머니 얘기를 듣고 깜짝 놀랐습니다.

"널 키우면서 딱 하나 뼈저리게 후회하는 게 '오비 베아스' 못 들어준 거야."

그 옛날 저녁, 옆집 아주머니에게서 자초지종을 들은 어머니는 울고 있는 나를 발견하고 몰래 눈물을 훔쳤다고 했습니다.

> "형편이 좀 나아지면 꼭 해줘야지 했어. 그런데 형편이 나아졌을 땐 이미 네가 너무 커버렸지."

나는 까맣게 잊은 일을 어머니는 20년도 훨씬 넘게 아파했다니….
언젠가 시를 쓰는 후배가 이런 말을 했습니다.

> "아이가 다치면 아이는 흉터가 몸에 남지만, 엄마는 기억에 흉터가 남는대요. 아이는 자라서 흉터를 보고도 다칠 때의 고통을 기억하지 못하지만, 아이가 다치는 걸 목격한 엄마는 아이의 고통을 평생 잊지 못하는 거죠."

막노동과 채소장사로 4남매를 키우며 모든 걸 바친 어머니가 그깟 셔츠와 모자 때문에 오랜 세월 아팠다는 사실에 화가 났습니다.

무라야마 사키가 쓴《추억을 파는 편의점》을 읽고 어머니께 드리면 좋겠다 생각했습니다. 그 편의점에서는 사랑하는 이에게 주고 싶었지만 전하지 못한 마음도, 엄마의 어린 시절 상처를 아는 인형도, 전쟁의 상흔을 치유해준 목소리도 살 수 있답니다.
어머니 손을 잡고 그 편의점에 가서 'OB' 로고가 박힌 셔츠와 모자를 사달라고 해야죠. 그러면 30년 가까이 어머니를 괴롭힌 기억의 상처가 씻은 듯 나을 겁니다.

그리고 저도 꼭 사고 싶은 게 있습니다. 세파가 앗아간 어머니의 곱던 얼굴과 손등, 청춘을 사서 돌려드리고 싶습니다. 얼마 남지 않은 내 청춘을 팔아서라도 말입니다.

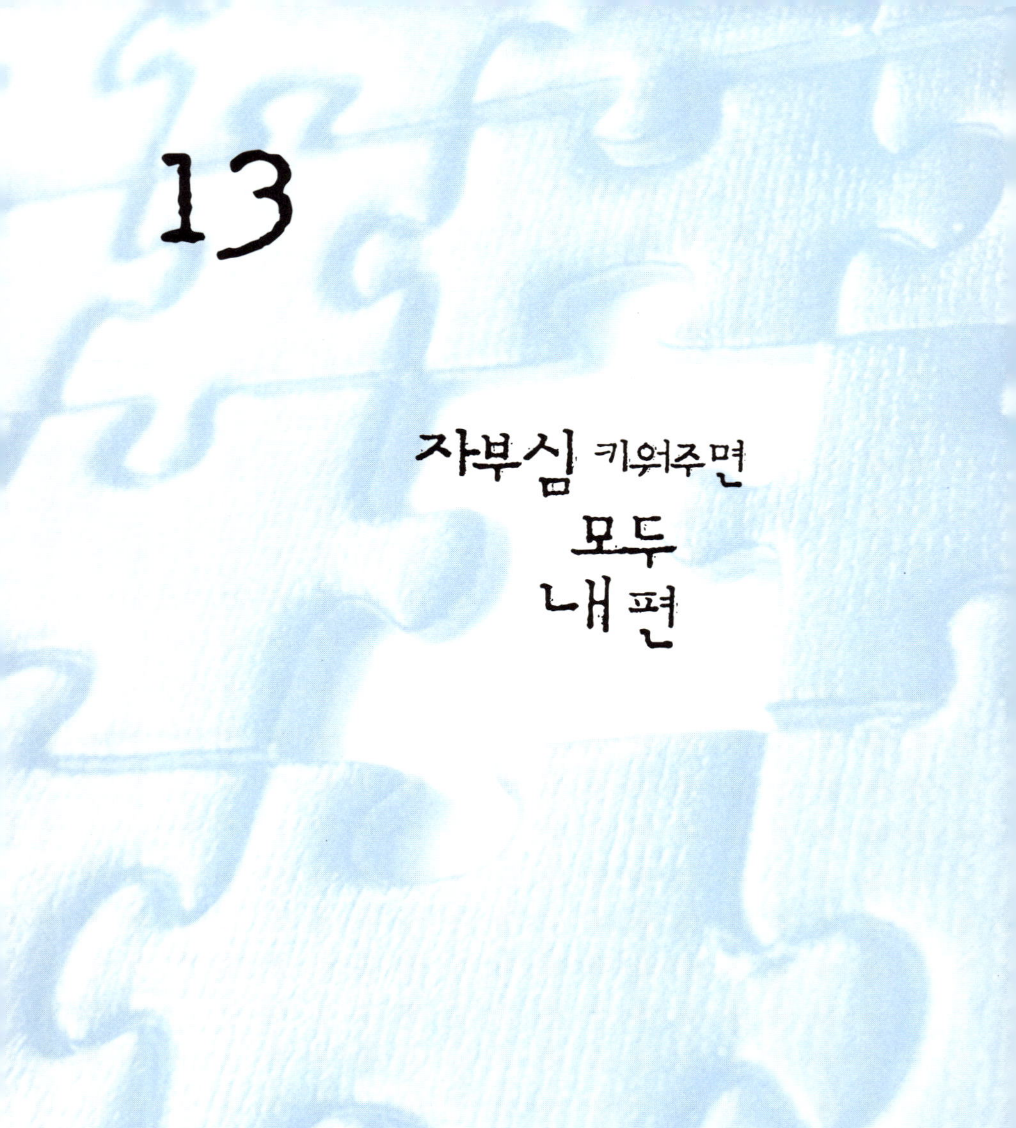

# 13

## 자부심 키워주면 모두 내편

자부심이 큰 사람은 자아가 약해져서 비난과 비판에 쉽게 상처받지 않는다.
상대가 직장 동료든 고객이든, 심지어 적이라도
그들의 자부심을 키워주면 내 편으로 만들 수 있다.

일이 힘들다고들 하지만 솔직히 함께 일하는 사람이 힘든 것이지요. 어느 조직이나 사사건건 간섭하며 못살게 구는 상사, 나를 우습게 아는 괘씸하기 짝이 없는 부하직원 한둘은 있게 마련입니다.

사실 세상에서 가장 힘든 일이 '사람 미워하는 일' 아니던가요? 사람 스트레스도 문제지만 그런 동료와 불편한 관계를 유지하면서 일이라고 잘될 턱이 없을 테지요. 도저히 잘 지낼 수 없을 것 같은 사람들과도 화해할 수 있는 방법을 찾다가 《당근으로 만든 채찍》이라는 책에서 몇 가지 힌트를 얻었습니다.

우선 나를 힘들게 하는 동료의 이름과 얼굴을 머릿속에 그려보시기 바랍니다. 그것 자체가 견디기 힘든 고통이라도 말입니다. 그들의 모습을 떠올렸다면 지금부터 책에서 알려준 대로 심리전술을 써보겠습니다.

우선 상사가 나를 무시할 때입니다. 그런 상사들은 이렇게 말하곤 하지요.

> "오래 일하면 뭐해? 제대로 해야지. 당신은 아랫사람들에게 제대로 일을 나누어줄 줄 모르는 게 문제야."

이렇게 몰아붙이는 상사에게는 방어도 역공도 해서는 안 됩니다. "제가 뭘 어쨌다고 그러십니까"라든지 "저도 할 만큼 했습니다"라고 항변하는 순간 상사는 제대로 공격할 꼬투리를 잡을 겁니다.

이 책의 저자 데이비드 리버만은 "주어를 내가 아닌 상사로 놓고 말하라"고 조언합니다. 이렇게 말이지요.

> "부장님, 많이 화가 나신 것 같습니다. 부장님께서 그토록 관심을 쏟으신 일인데 말입니다. 조금만 더 구체적으로 알려주시면 그대로 하겠습니다."

순간 상사는 대화의 대상이 자신이 되었음에 당혹스러워하게 되고 부하직원이 아니라 자신이 미처 준비하지 못한 무언가를 설명하지 않으면 안 될 것 같은 상황에 직면하게 된다고 합니다.

거꾸로 상사인 내가 원하는 대로 일을 하지 않는 못마땅한 부하직원을 효과적으로 다루는 심리전술이 있습니다. 어제까지 제출하라고 한 서류가 오늘 아침에도 올라오지 않았을 때, 대부분의 상사는 이렇게 말하겠지요.

> "김 대리, 기안 작성 아직도 안 한 거야? 도대체 일을 하는 거야, 마는 거야?"

리버만은 이런 식의 표현은 부하직원으로부터 당장 서류를 받아낼 수 있을지는 몰라도 충성을 얻어낼 수는 없을 것이라고 충고합니다. 마음에 안 드는 부하직원을 기분 나쁘지 않게 야단치는 화법은 이렇습니다.

"참, 그 서류 다 되었나? 빨리 되었으면 좋겠는데 말이야."

부하직원을 주어로 쓰지 말고 일이 진행되지 못한 상황이 있을
수 있다는 식으로 완곡하게 표현하라는 얘기입니다. "다 했어?"
와 "다 되었나?"는 같은 말이면서도 듣는 사람에게는 전혀 다른
느낌을 갖게 한다고 합니다.

당근과 채찍을 따로 쓰던 기존의 심리기술은 상대를 일시적으로
마지못해 움직이게 할 수는 있어도 상대가 자발적으로, 그리고
근본적으로 내 편이 되게 할 수는 없다고 합니다. '당근으로 만든
채찍'은 당근과 채찍이라는 외부 자극 때문이 아니라 상대가 스
스로 원해서 한 일이라고 믿게 하는 방법입니다. 상대가 당근이
라 여기고 기꺼이 움직였는데 알고 보니 채찍을 맞았을 때보다
큰 효과를 만들어낸다는 얘기죠.

이 책에 나온 심리기술을 활용하면 내게 적대적인 동료를 내 편으로 만들 수 있을 뿐 아니라 불만을 품고 떠난 고객의 발길까지 되돌리게 할 수 있다고 합니다. 예컨대, 구독하는 신문에 불만을 가진 독자에게 이런 부탁을 하는 겁니다.

> "독자 분의 날카로운 지적에 감탄했습니다. 부디 저희 신문의 모니터 위원이 되어 주셨으면 합니다."

리버만은 도움을 준 사람이 도움을 받은 사람보다 상대에게 더 큰 애정을 갖는다고 주장하며 이런 질문을 던지고 있습니다.

> "부모와 자식 중에 누가 누구를 더 사랑할까요?"

자신이나 자신의 회사를 탐탁지 않게 생각하는 동료나 고객에게 거꾸로 도움을 요청하면 의외의 성과를 거둘 수 있다는 얘기입니다.

리버만은 빌려간 돈을 갚지 않는 채무자나 대금 지불을 미루는 고객과 거래처 담당자에게 독촉전화 대신 안부전화를 걸라고 조언합니다. 그러면 채무자가 스스로 연체 상태를 어떻게 해결할지 먼저 말하게 될 것이라고 합니다.

《당근으로 만든 채찍》을 관통하는 심리기술의 원리는 '자아와 자부심이 반비례한다'는 것입니다. 자아가 강하고 자존심이 센 사람은 자부심이 약하고, 자부심이 큰 사람은 자아가 약해져서 비난과 비판에 쉽게 상처받지 않는다는 겁니다. 그러니까 상대가 직장 동료든 고객이든, 심지어 적이라도 그들의 자부심을 키워주면 내 편으로 만들 수 있다는 논리입니다.

리버만이 고안한 '당근으로 만든 채찍'이 정말로 통하는지 한번 휘둘러보길 권합니다.

# 14

우리에게 필요한 건
참는 용기가
아니라
우는 용기다

살면서 우리는 출생의 고통보다 더 큰 고통과 마주하면서 마음껏 울지도 못한다.
우리에게 필요한 건 참는 용기가 아니라 우는 용기다.
힘들 때마다 찾아온 천사가 속삭인다. "울어야 한다, 울어야 산다."

'입은 비뚤어졌어도 말은 바로 하라' 했지만, 입이 비뚤어지면 절대로 말이 바로 나오지 않습니다. 6년 전 입이 돌아가는 '구안괘사'에 걸려보고 나서 깨달은 사실입니다.

구안괘사는 사실 입이 돌아가는 게 아닙니다. 한쪽 눈과 입의 반쪽이 마비되어 감기지 않는 눈은 충혈되고, 입을 벌리려면 반쪽만 열리니 입이 돌아간 것처럼 보이는 것이지요. '태권브이'에 나오는 깡통로봇처럼 말입니다.

병은 걸려본 사람만이 그 고통을 아는 것이지요. 처음 얼굴이 뒤틀리는 통증이야 지나면 잊힌다 해도 말할 때마다 입이 비뚤어져 민망하기 짝이 없고 발음이 새 의사소통도 쉽지 않습니다. 보는 사람마다 "술 마시고 찬 데서 잤느냐" "영 안 돌아오는 것 아니냐"며 한마디씩 하는데, 입이 더 비뚤어질까 봐 대꾸도 못합니다. 현대 의학도 이 몹쓸 병의 원인을 밝히지 못했다더군요. 그런데 의사의 다음 설명이 저를 더욱 슬프게 했습니다.

"사람은 웃을 때 눈이 감기고 입은 벌어지게 마련인데, 구안괘사는 바로 웃을 때 필요한 근육과 신경이 마비된 겁니다."

병원 문을 나서며 저는 언제 한번 제대로 웃어본 적이 있었던가 아득했습니다. 아마도 조물주가 웃지 않는 얼굴에서 웃는 근육과 신경을 도로 가져간 것이리라 생각했습니다. 구안괘사는 웃음을 잃은 자가 받는 천형天刑인 셈이지요.

병을 고쳐보겠다고 침을 맞으러 다니던 어느 날, 병원 식당에서 혼자 허기를 달래고 있을 때였습니다. 밥을 한 술 구겨 넣고 김치찌개 국물을 떠 넣는데, 다물어지지 않은 비뚤어진 입에서 흘러나온 벌건 국물이 하얀 셔츠를 타고 내려와 순식간에 바지까지 적셔버렸습니다. 속수무책으로 넋을 놓고 바라보는데 바로 그때 나도 모르게 뜨거운 무언가가 뺨을 타고 주르륵 흘러내렸습니다. 눈물이었습니다.

그런데 참 이상한 일이지요. 그렇게 울고 나니 속이 후련허지고 기적처럼 희망이 샘솟는 게 아니겠습니까? 그리고 조물주에게 이렇게 감사드렸습니다.

'웃음을 잃은 내게 아직 눈물은 남겨 놓으셨군요!'

《힘들 땐 그냥 울어》라는 일본의 스즈키 히데코 수녀가 쓴 에세이를 읽은 적이 있습니다. 이 책에서 스즈키 수녀는 말합니다.

"병에 걸리거나 가족을 잃거나 퇴직을 당하거나 재산을 날리는 힘든 일을 겪게 되면 방해받지 않을 장소를 찾아 마음껏 눈물을 흘리세요. 아무 생각 없이 감정이 흐르는 대로, 속이 후련해질 때까지 우는 겁니다."

스즈키 수녀는 해외 곳곳을 순회하며 말기암 환자들에게 치유의 메시지를 전하고 있습니다. 눈물의 효력을 믿지 못하는 사람들에게 스즈키 수녀는 따뜻한 음성으로 이렇게 귀띔해줍니다.

> "사람이 울 때는 천사가 곁에서 함께 슬퍼하며 위로해준다고 합니다."

3년 전 크리스마스 때 이 책을 추천한 이해인 수녀를 만나러 부산에 있는 올리베따노 성 베네딕도 수녀원에 갔습니다. 이해인 수녀는 오래전 스즈키 수녀를 만난 적이 있는데, 그 후로 스즈키 수녀가 쓴 책을 빠짐없이 읽었다고 했습니다. 암 투병 중에도 밤새 원고를 읽고 기꺼이 추천사를 쓰게 된 것도 그런 인연과 공감 때문이었다고 합니다. 온화한 미소를 지으며 이해인 수녀가 말했습니다.

"슬픔을 어떤 방식으로 극복하느냐에 따라 한 사람의 인생이 달라집니다. 어느 의사는 암 환자를 치료할 때 우는 것부터 가르친다고 하더군요."

어쩌면 우리는 어른이 되면서 눈물을 감추도록 강요받아 왔는지도 모릅니다. 하지만 우리가 어머니 배 속에서 세상으로 나올 때 처음 한 것이 울음을 터뜨리는 것 아니었습니까? 울지 않고 태어난 사람은 없을 겁니다. 단지 울며 태어났음을 기억하지 못할 뿐이지요.

살면서 우리는 출생의 고통보다 더 큰 고통과 마주하면서 마음껏 울지도 못합니다. 두 분의 수녀가 전해주는 '울음의 치유법'을 써보길 권합니다. 우리에게 필요한 건 참는 용기가 아니라 우는 용기입니다. 힘들 때마다 찾아온 천사가 속삭입니다.

"울어야 한다. 울어야 산다."

# 15

## 사과를 두려워 말라

성공적인 사과를 위한 두 가지 원칙이 있다.
즉시 사과할 것.
진심을 담아서 할 것.

1982년 타이레놀 캡슐에서 독극물이 발견되었습니다. 제조사인 존슨 앤드 존슨은 딱히 자사의 잘못이 아니었음에도 즉각 사과문을 발표하고 취재를 요청하는 언론에 전적으로 협조하면서 모든 타이레놀의 리콜을 공표했습니다. 그 결과 언론으로부터 칭찬을 듣고 대중으로부터 정직하다는 평가를 받았습니다.

어느 유명 항공사와 타이어회사는 둘 다 2000년 여름 비슷한 시기에 큰 위기를 겪었습니다. 항공사는 여객기가 추락해 탑승자 전원이 사망했고, 타이어회사는 타이어 결함으로 174명이 죽고 수백 명이 부상당하는 사고였습니다. 하지만 두 회사는 각자 아주 다른 방식으로 위기에 대응했습니다.

타이어회사는 650만 개의 타이어를 리콜했지만 언론의 취재 요청은 거부했습니다. 이와 달리 항공사의 회장은 사고 후 같은 기종 여객기의 비행을 금지하고 즉시 사고현장으로 달려갔습니다.

희생자의 장례식에도 참석했습니다. 유가족에게 머리 숙여 사과한 데 이어 기자회견을 자청해 거듭 사과했습니다.

위기 후 타이어회사와 항공사는 희비가 엇갈렸습니다. 항공사의 주가는 사고 직후 단 며칠간 하락해 5퍼센트 떨어진 후 점차 다시 오르기 시작했지만, 타이어회사의 주가는 리콜 후 50일 동안 50퍼센트나 떨어졌습니다.

2000년 IBM은 2년 동안 판매한 노트북 컴퓨터 중 일부에서 어댑터에 과부하가 발생한다는 사실을 알게 되었습니다. 조사 결과, 전 세계에서 팔린 32만 대의 제품 중 과부하가 발생한 제품은 단 9대뿐이었습니다. 과부하가 발생할 확률은 0.0003퍼센트에 불과한 셈이었습니다. 게다가 폭발한다거나 화상을 입는 치명적인 문제도 아니었습니다.

하지만 IBM은 소비자나 언론보다 이 사실을 훨씬 심각하게 받아들였습니다. 그래서 자발적으로 관련 사실을 공개하고 제대로 사과를 했습니다. 그리고 전 모델에 대해 자발적인 리콜을 실시했습니다. 언론과 소비자는 IBM의 이런 태도를 극찬했습니다.

IBM은 2004년에도 노트북 어댑터를 리콜했습니다. 과열로 회로판이 손상될 가능성이 있었지만, 역시 심각한 수준은 아니었습니다. 실제로 단 6건의 사고 신고가 접수되었을 뿐이었고 인명 피해도 없었습니다. 당시 LG IBM도 국내에서 공개적으로 사과하고 자발적인 리콜을 실시했습니다. 국내에서는 2만 대가 훨씬 넘게 팔렸지만 과열 현상이 한 건도 신고되지 않았는데 말입니다.

애플은 아이폰이 날개 돋친 듯 판매되자 시장점유율을 높이기 위해 출시한 지 두 달도 안 되어 가격을 인하했습니다. 그런데 예기치 못한 난관에 부닥쳤습니다. 출시 당시 아이폰을 구입한 고객들이 거세게 항의한 것입니다. 애플 마니아들인 만큼 애플의 가격인하 조치에 적잖은 배신감을 느꼈습니다. 스티브 잡스 회장은 조금도 주저하지 않고 공개적으로 사과 편지를 썼습니다.

「여러분을 실망시킨 데 대해 진심으로 사과드리며 애플에 대한 여러분의 높은 기대를 저버리지 않도록 최선을 다하겠습니다.」

잡스는 정가를 주고 아이폰을 구매한 모든 고객에게 애플의 온라인 장터에서 사용할 수 있는 100달러 상당의 상품권을 발급했습니다.

파이어스톤 타이어를 장착한 포드 승용차를 타고 가다 타이어 결함으로 차가 전복되는 사고를 당한 도너 베일리라는 주부는 포드와 파이어스톤을 상대로 소송을 제기했습니다. 포드와 파이어스톤의 경영진은 소송에 맞대응하지 않고 부상당한 베일리의 병실을 찾아가 잘못을 시인하고 정중하게 사과했습니다. 베일리는 사과를 받아들였고, 이 사건은 법정까지 가지 않고 해결되었습니다.

아메리카웨스트항공을 이용한 어느 승객은 불친절한 승무원과 말다툼 끝에 기내에서 쫓겨나는 수모를 당하고 회사측에 문제를 제기했습니다. 그러자 부사장이 직접 텔레비전에 출연해 그 승객에게 공개적으로 사과했습니다.

아메리카웨스트항공은 세계에서 가장 많은, 연간 8천만 명이 넘는 승객을 수송하고 있지만, 단 한 명의 고객이라도 회사에 문제를 제기하면 임원이 직접 나서 사과를 하고 시정 조치를 취합니다. 1983년 항공기 3대로 출발해 미국 저가 항공사 중 두 번째로 큰 항공사로 성장한 데는 그만한 이유가 있는 것입니다.

기업의 잘못을 보도하는 언론에 대응할 때 진실로 사과하는 것보다 확실한 전략은 없습니다.

나쁜 뉴스는 더 빨리 퍼지게 마련입니다. 진심으로 사과하면 위기는 회사의 명성을 더 강화하고 브랜드의 정체성을 키우고 제품이나 서비스에 관한 긍정적인 메시지를 보낼 수 있습니다.

사과는 신속하고 확실하게 하는 것이 중요합니다.
'쉬쉬' 하고 넘기려 했다가는 더 큰 위험을 자초할 수 있습니다.
사과를 잘하는 것도 경쟁력입니다.
기업이든 개인이든 누군가에게 잘못한 것이 있으면 지체하지 말고 곧바로 사과하는 것이 좋습니다.
사과하는 것을 부끄럽게 생각할 필요는 전혀 없습니다.
사과할 수 있는 용기를 가지고 있어야 진정한 승자가 될 수 있습니다.

성공적인 사과를 위한 수백 가지 기술이 있겠지만, 그런 복잡한 기술을 모르더라도 두 가지 원칙만 잘 지키면 됩니다.

즉시 사과할 것.
진심을 담아서 할 것.

# 16

## 격식과
### 허세를
## 버려라

지속가능한 경영을 위해서는 직원의 창조성을 이끌어내야 한다.
그 창조성은 명령과 지시에서 나오는 것이 아니라
자유롭고 친근한 리더의 모습에서 자연스럽게 샘솟는 것이다.

애플의 스티브 잡스는 2001년 기자들을 불러 모았습니다. 무대 위로 올라간 잡스는 이렇게 말했습니다.

"신제품을 보여드리러 나왔는데 조금 뜸을 들여야 할 것 같습니다."

그러더니 청바지 주머니에 손을 집어넣어 한참을 만지작거렸습니다. 기자들은 잡스가 무엇을 꺼내려고 하는지 궁금해 하며 숨을 죽였습니다. 드디어 잡스의 손이 청바지 주머니에서 나왔습니다. 그가 치켜든 손엔 하얗고 작은 물체가 들려 있었습니다. 전 세계를 강타한 '아이팟'은 그렇게 공개되었습니다.

잡스는 그처럼 중요한 신제품 발표회에서도 청바지를 입고 나타나곤 했습니다. 기자회견뿐 아니라 대학 강단에서도 청바지 차림입니다. 격식과 예의를 갖춰야 할 대외 행사에서도 그러니 사내에서 그가 정장을 입었을 리 없습니다.

자유로운 스타일을 추구했던 스티브 잡스는 검은색 터틀넥 티셔츠와 청바지를 즐겨 입으며 구두 대신 늘 운동화를 신고 다녔습니다. 아이팟의 인기 상승을 감지한 잡스는 2005년 모든 크기의 주머니와 지갑에 맞는 아이팟을 내놓았습니다. 이때도 역시 청바지를 입고 나왔습니다. 청바지 속 작은 주머니에 '아이팟 나노'를 쏙 집어넣으며 그가 말했습니다.

> "내 청바지에 이 조그만 주머니가 왜 있는지 늘 궁금했는데, 이제야 그 쓰임새를 알게 되었습니다."

스티브 잡스의 자유로운 옷차림은 애플의 새로운 도전과 무관하지 않습니다. 자신이 설립한 애플에서 쫓겨나 11년 만에 귀환했을 때 애플은 고사 직전 상태였습니다. 그는 살아남기 위해 딱딱한 하드웨어 회사 이미지를 벗고 신세대의 자유와 개성에 부합하는 새로운 아이템을 개발해야 함을 통감했습니다.

정장을 입고 떠났던 그가 청바지를 입고 돌아온 것은 그런 변화의 암시였습니다. 당시 'Think different'라는 광고 카피도 고정관념을 깨려는 그의 의지가 반영된 것입니다.

청소년의 취향에 딱 들어맞는 단순하고 세련된 디자인의 컴퓨터 '아이맥'에 이어 전 세계 젊은 층을 강타한 아이팟의 신화, '멋쟁이는 애플의 흰 이어폰을 끼고 다닌다'라는 정보기술[IT]과 패션을 엮은 마케팅은 정장을 벗어던지고 캐주얼로 신세대 고객층과 소통한 잡스의 역작들입니다.

1980년 여름 벤처 사장이던 빌 게이츠는 에어컨도 나오지 않는 사무실에서 연구에 몰두하던 중 한 통의 전화를 받았습니다. 수화기를 내려놓은 그는 정장으로 말끔하게 갈아입었습니다. IBM의 직원을 맞이하기 위해서였습니다. 마이크로소프트[MS]가 IBM이라는 거인의 어깨에 올라타는 역사적인 순간이었습니다.

그 정도 중대한 일이 아니라면 빌 게이츠 역시 정장을 입는 일은 없습니다. 그는 주로 단추와 칼라가 있는 파란색 셔츠에 꽉 끼지 않는 면바지를 입고 가벼운 단화를 신고 다닙니다. 옆집 아저씨처럼 친근한 옷차림은 편안한 표정만큼이나 여유롭고 부드러운 분위기를 연출합니다. 그의 옷차림에는 직원에게 자유롭고 창의적인 기업문화를 제공하겠다는 의지가 담겨 있습니다.

그는 옷차림만큼이나 이해하기 쉬운 화법으로 직원을 설득합니다. 빌 게이츠의 캐주얼 패션은 몸에 밴 검소함에서 비롯되었습니다. 세계 최고 부자인 빌 게이츠는 하루에 가만히 앉아서 버는 돈만 50억 원은 족히 됩니다. 그런데도 낡고 평범한 자동차를 몰고 다닙니다.

갓 졸업해 입사한 신입 사원 같은 모습으로 기숙사 같은 사무실에 앉아 플라스틱 도시락에 담긴 팟타이태국식 볶음면를 떠먹는 빌 게이츠에게 직원이 말했습니다.

"세상 사람들이 만약 지금 당신의 모습을 본다면 당장 부자가 되는 꿈을 접고 말 겁니다."

그러자 그는 그릇을 싹싹 비우며 말했습니다.

"어린 시절부터 내가 가장 좋아한 음식은 햄버거와 샌드위치였다네. 부자가 되었다고 좋아하는 음식도 못 먹는다면 굳이 부자가 될 이유가 없지 않겠나."

빌 게이츠와 한때 중요한 파트너였던 일본인 니시 가즈히코는 부회장까지 오를 정도로 빌 게이츠와 잘 통한 파트너였습니다. 하지만 가즈히코는 성공의 반열에 오르자 사치스러워지기 시작했습니다.

급하지 않은 출장을 가면서도 값비싼 헬리콥터를 임대해 타고 가는가 하면, 초호화 호텔에 묵으면서 돈을 물 쓰듯 썼습니다. 빌 게

이츠는 가즈히코의 사치가 마이크로소프트의 발전에 걸림돌이 될 것을 직감하고 8년 넘게 쌓아온 우정을 깨고 헤어졌습니다.

그렇다고 그가 직원에게 검소한 삶을 강요한 것은 아니었습니다. 그의 직원은 다른 기업보다 더 나은 복지를 누렸습니다. 빌 게이츠가 인재에 대한 투자를 아끼지 않은 까닭입니다. 스카우트 제의에 망설이는 사람이 있으면 그 회사를 통째로 사버릴 때도 있었습니다.

2005년 북미가전쇼에서 당시 인텔 회장인 크레이그 배럿은 신제품을 소개하기 위해 청바지를 입고 록가수로 변신했습니다. 세계적인 기업의 회장이 이런 퍼포먼스를 보여줄 수 있다는 것은 그 조직문화가 권위적이지 않음을 단적으로 말해줍니다. 인텔은 평등주의를 지향합니다.

배럿에게는 사장 때도, 회장 때도 집무실이 따로 없었습니다. 일반 직원과 똑같은 사무공간에서 일했습니다. 그가 열심히 타이핑하고 있는 모습을 말단 직원도 지나가며 볼 수 있었습니다.

대체로 경영자들은 위엄을 갖추어야 조직을 일사불란하게 움직일 수 있고 존경도 받을 수 있다고 믿곤 합니다. 하지만 위기에도 지속가능한 경영을 하기 위해서는 직원의 창조성을 이끌어내야 합니다. 창조성은 명령과 지시에서 나오는 것이 아니라 자유롭고 친근한 리더의 모습에서 자연스럽게 샘솟는 것입니다.

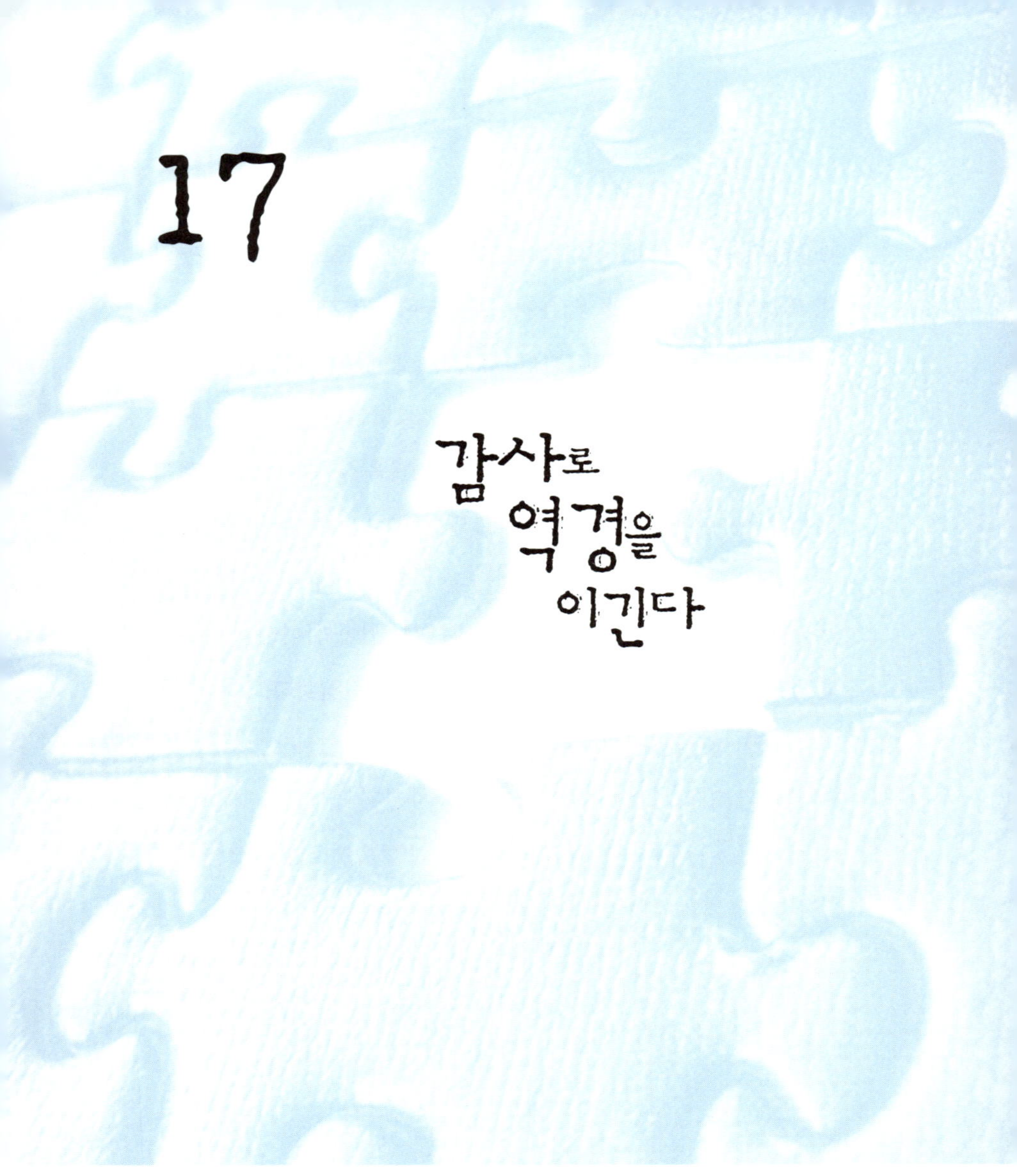

# 17

## 감사로 역경을 이긴다

"자신 속의 불꽃이 꺼졌을 때, 종종 다른 누군가의 불씨로 다시 살아나는 것을 경험한다.
우리 안에 불꽃을 심어준 그들에게 깊이 감사하라."
_슈바이처

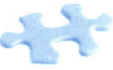

세계적인 부동산 개발업자 도널드 트럼프는 억만장자입니다. 현재 그의 재산은 16억 달러에 달하며 한 해 5천만 달러를 벌어들입니다. 1983년 그가 뉴욕 5번가에 세운 58층짜리 초호화 주상복합빌딩인 트럼프타워는 뉴욕의 랜드마크이자 그의 성공 상징물입니다. 그가 건설한 트럼프 인터내셔널 호텔은 〈포브스 트래블 가이드〉가 선정하는 '모빌 5스타'에 꼽히기도 했습니다.

트럼프는 미국 NBC의 인기 리얼리티 프로그램 '어프렌티스The Apprentice'의 주인공이자 공동PD이기도 합니다. 한 회 출연료만 300만 달러에 달합니다. 미국인이라면 모르는 사람이 없는 '당신은 해고야You're fired!'라는 유행어도 그의 작품입니다.

이처럼 성공한 트럼프도 학창시절엔 문제아였습니다. 1958년 고등학교에서 큰 말썽을 일으키자 그의 부모님은 아들의 넘치는 에너지가 긍정적으로 발산될 수 있도록 뉴욕사관학교NYMA로 전

학시켰습니다. 그곳에서 럭비·축구·야구 대표팀 주자로 활약하며 긍정적인 마인드를 갖기 시작했습니다. 포드햄대 2학년 때 자신의 잠재력을 테스트하기 위해 펜실베니아대 비즈니스 명문 와튼스쿨에 편입했습니다.

재학 중 아버지가 개발한 아파트 단지<sup>총 1,200세대</sup>가 입주율 34퍼센트에 그치며 담보로 넘어갈 위기에 직면하자 구원투수로 나서 일 년 안에 100퍼센트 입주시키고, 600만 달러의 이익을 남기는 기적을 만들었습니다. 무일푼으로 독립해 허드슨 강변의 폐쇄된 철도 집결지 땅을 개발해 뉴욕시 최대 주택타운인 '트럼프 플레이스'로 탈바꿈시키는 대성공을 거두었습니다. 뉴욕시 한복판의 파산한 호텔을 인수해 하얏트 그랜드 호텔로 리노베이션하면서 엄청난 자금도 벌어들였습니다.

트럼프는 성공전도사로도 유명합니다. 그가 출간한《억만장자 마인드》,《트럼프, 포기란 없다》등은 나오자마자 전 세계적인 베스트셀러가 되었습니다. 시간적 여유가 없는 이들에게 성공의 지혜를 전파하기 위해 '트럼프 유니버시티'란 사이버대학도 설립했습니다. 그는 미국에서 스타로 대접받습니다. 할리우드 '명예의 거리'에 그의 이름이 새겨졌을 정도입니다.

이처럼 트럼프가 대성공을 거둔 데는 탁월한 사업수완 말고도 중요한 비결이 하나 더 있습니다. 바로 감사하는 마음입니다. 사업이 번창하던 1988년 어느 날, 트럼프는 젊은 유대인 남자로부터 한 통의 전화를 받았습니다.

> "한 번도 뵌 적이 없는 회장님께 이렇게 연락을 드리게 되어 죄송합니다. 다름이 아니라 저희 부부에겐 세 살 난 아들이 있는데, 아주 큰 병에 걸렸답니다. 그런데 제가 사는 로스엔젤레스의 병원에서는 도저히 치료가 불가능하다고 합니다."

트럼프가 위로하면서 물었습니다.

"참 안타까운 일이군요. 제가 어떻게 도움을 드리면 되겠소?"

아이 아빠가 간곡하게 말했습니다.

"회장님의 전용기를 빌려주실 수 없는지요? 아이의 상태가 너무
위급해 일반 비행기로는 아이의 생명을 유지시켜줄 특수 의료 장
비들을 함께 싣고 가는 것이 불가능합니다."

트럼프는 단 1초도 망설이지 않았습니다. 당시 트럼프에게도 어
린 자식이 있었습니다. 같은 아버지의 심정으로 흔쾌히 부탁을
받아들였습니다.

"당장 전용기를 띄우겠소."

트럼프는 자신의 전용기를 보내 뉴욕의 의료진이 아이의 치명적인 병을 치료할 수 있도록 했습니다. 하지만 안타깝게도 아이의 병은 뉴욕에서도 치료하지 못했습니다. 트럼프는 눈시울을 적시며 아들을 잃은 부부를 위로했습니다.

부부는 20년이 넘은 지금까지 해마다 유대인의 설날인 '로쉬 하샤나' 전날이면 트럼프에게 감사의 인사를 전하고 있습니다. 처음에는 부부가 자신에게 감사 인사를 할 때마다 아들을 잃은 상처를 떠올리게 될까 봐 트럼프는 마음이 편치 않았습니다. 그래서 부부에게 이렇게 말했습니다.

> "이젠 다 잊어버리고 내게 더 이상 감사 인사를 하지 않아도 되지 않겠소?"

그러자 부부가 한목소리로 말했습니다.

"아닙니다. 비록 저희 부부는 아들을 잃었지만, 아이의 빈 자리를
회장님이 보내준 은혜에 대한 감사로 채우고 있습니다."

트럼프는 누군가에게 감사하며 사는 것이 힘든 시기에 얼마나
큰 힘이 되는지를 깨닫게 되었습니다. 역경과 불행 속에서 감사
함을 발견하는 것이 그 어떤 것보다 훌륭한 해결책이 됨을 알게
되었습니다. 그리고 그런 감사의 힘은 당시 절체절명의 위기를
맞고 있던 트럼프를 절망에서 구원해주었습니다.

당시 트럼프는 10억 달러 규모의 프로젝트 '타지마할 카지노 호
텔'을 개발하다가 미국 부동산 경기침체로 90억 달러가 넘는 빚
을 지고 파산위기에 직면하고 있었습니다. 트럼프는 부부의 얘
기를 들은 후 남의 탓을 하는 대신 자신을 위로하는 많은 이에게

감사하는 마음으로 역경을 헤쳐나갔습니다. 그리고 마침내 10년 만에 재기에 성공합니다. 2004년 다시 카지노 사업 실패로 파산 위기에 놓였을 때도 그는 감사하는 자세로 6개월 만에 정상회복을 했습니다.

평생 인술을 베푼 슈바이처는 이런 말을 했습니다.

> "자신 속의 불꽃이 꺼졌을 때, 종종 다른 누군가의 불씨로 다시 살아나는 것을 경험한다. 우리 안에 불꽃을 심어준 그들에게 깊이 감사하라."

트럼프는 지금도 해마다 감사의 메시지를 전하는 부부에 감사하고 있습니다.

# 18

## 분함을 참고
## 자신을
## 격려하라

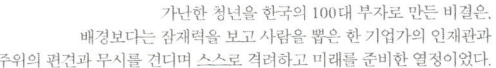
가난한 청년을 한국의 100대 부자로 만든 비결은,
배경보다는 잠재력을 보고 사람을 뽑은 한 기업가의 인재관과
주위의 편견과 무시를 견디며 스스로 격려하고 미래를 준비한 열정이었다.

1965년 충청도에서 막 상경한 청년은 막막하기 짝이 없었습니다. 그 시절 돈벌이를 위해 너도나도 서울로 무작정 올라왔지만 일자리를 구하기란 '하늘에 별 달기'보다 어려운 일이었습니다. 그나마 직원을 뽑겠다는 회사들도 일류 대학 출신이 아니면 이력서조차 받지 않을 정도여서 청년은 잔뜩 주눅이 들어 있었습니다.

그렇다고 다시 고향으로 내려갈 수도 없는 처지였습니다. 고향엔 청년 밑으로 동생이 여덟이나 있어 끼니를 거를 정도로 가정형편이 어려워 아르바이트라도 하지 않으면 안 되었습니다.

청년이 궁여지책으로 시작한 일이 창경원지금의 창경궁 사진사였습니다. 당시 동물원이 있던 창경원에서 청년은 중고 카메라를 들고 관람객의 사진을 찍으며 한 푼 두 푼 돈을 모으기 위해 안간힘을 썼습니다.

창경원에는 청년 말고도 많은 사진사가 경쟁을 벌이고 있었기 때문에 청년에게는 좀처럼 사진을 찍을 차례가 돌아오지 않았습니다. 대부분 노련한 솜씨를 뽐내는 전문사진사들이어서 중고 카메라를 들고 어쭙잖은 실력으로 이리저리 뛰어다니는 청년 같은 초보 사진사에게 기꺼이 고객이 되어줄 관람객은 별로 없었습니다.

도저히 경쟁이 안 된다고 판단한 청년은 전문사진사들과 다른 방법으로 관람객의 마음을 사로잡아야 했습니다. 청년은 생각했습니다.

　　'사람들이 사진 촬영을 하지 않는 이유는 자신의 사진이 어떻게 나오는지 볼 수 없어 아직 상품이라고 인식하지 않기 때문이다. 만약 자기 사진을 본다면 그것은 무엇과도 바꿀 수 없는 가치가 될 것이다.'

청년은 그때부터 물어보지도 않고 일단 관람객의 사진을 찍었습니다. 그리고 얼른 현상을 해 사진 속 관람객을 찾아가 보여주었습니다. 청년의 예상대로 사진을 본 관람객은 대부분 웃으며 지갑을 열었습니다.

청년은 창경원에서 제법 인기 있는 사진사가 되기는 했지만, 그것만으로 생계를 꾸려가기는 어려웠습니다. 이것저것 돈이 될 만한 아르바이트를 찾아 도전했지만 형편이 나아질 기미는 보이지 않았습니다.

서울 생활을 시작한 지 5년이 지났지만 변변한 직장을 구하지 못해 청년은 아득한 미래를 걱정하고 있었습니다. 동분서주하며 일자리를 구하던 1971년 어느 날, 청년은 신문에서 이상한 구인광고를 발견하고 눈이 번쩍 뜨였습니다.

「나이가 몇 살이건, 고향이 어디건, 어느 학교를 나왔건, 지난 날 무슨 일을 했건, 스스로 똑똑하다고 생각하는 사람, 능력이 있는데 아무도 알아주지 않는다고 생각하는 사람은 자기소개서를 써 보내시오.」

출판계의 전설로 불리는 〈뿌리 깊은 나무〉의 발행인인 한창기 선생이 세계적인 명성의 백과사전인 《브리태니커》를 국내에서 판매하기 위해 회사를 차린 후, 신문에 낸 영업사원 모집 광고문구였습니다.

이 특이한 광고를 본 청년은 사막에서 오아시스를 발견한 것 같았습니다. 그런 회사라면 자신의 열정과 각오를 믿어줄 거라는 확신이 들었습니다. 청년은 주저 없이 이력서를 써 보냈습니다. 그리고 면접에서 자신이 그런 사람이라고 자신 있게 밝힌 끝에 입사에 성공했습니다.

하지만 백과사전을 판매하는 일은 결코 쉬운 일이 아니었습니다. 당시만 해도 대부분 가정형편이 어려워 그나마 여윳돈이 있는 기업 중역들을 찾아다니며 세일즈를 해야 했습니다. 한번은 청년이 어느 사무실을 찾아갔는데 나이도 어린 여비서가 그를 경멸하는 듯한 눈초리로 쏘아보며 "빨리 나가라"고 했습니다.

분한 마음에 한마디 하고 싶었지만 청년은 치밀어 오르는 분을 꾹 참고 나와버렸습니다. 그리고 계단을 내려오면서 혼잣말로 자신을 위로했습니다.

> '지금은 비록 수모를 당하고 가지만, 나중에 내가 성공하면 혹시라도 나한테 결혼하자고 해도 절대 당신 같은 여자와는 결혼하지 않을 것이다.'

어느 나이 많은 사장에게 모욕을 당하고 문전박대를 당했을 때
도 청년은 맞서지 않고 이렇게 분을 삼켰습니다.

'지금은 내가 당신보다 가난하지만 내가 당신 나이가 되었을 때
는 당신보다 훨씬 부자가 되어 있을 것이다.'

그 후 청년은 어떻게 하면 책을 잘 팔 수 있을까를 연구했습니다.
고심 끝에 청년은 당시 판매사원들이 겪는 가장 큰 애로를 풀어냈
습니다. 보통 판매사원이 관공서나 회사 빌딩에 들어가려면 늘 문
앞에서 경비원에게 차단되기 일쑤였는데, 그 이유가 큰 문이 아니
라 좁은 문으로 들어가기 때문이라는 사실을 깨달은 것입니다.

'우리 스스로 영업사원이라는 사실을 의식하고 주눅이 들어 있었
던 거야. 그래서 소심하게 좁은 문으로 눈치를 보며 들어가게 된
거지.'

청년은 그 후 어느 빌딩에 책을 팔러 가든지 그 회사 직원이 다니는 정문으로 들어갔습니다. 다른 세일즈맨들은 방문객이 다니는 문으로 들어가다 출입을 차단당하기 일쑤였지만 청년은 아무런 제지도 받지 않고 당당하게 건물 안으로 들어갈 수 있었습니다. 마치 그곳 직원처럼.

이는 놀라운 성과로 이어졌습니다. 청년은 자신이 세일즈를 맡은 부산 지역에 전혀 연고가 없었는데도 전국 판매인 360명 가운데 1위를 놓치지 않았습니다. 급기야 입사 일 년 만에 브리태니커 본사에서 전 세계 54개국 세일즈맨 중 최고 실적자에게 주는 '벤튼상'도 받았습니다. 그 후 초고속 승진을 거듭하며 입사한 지 10년도 안 되어 판매상무에까지 올랐습니다.

이 청년이 바로 '세일즈의 귀재'로 불리는 윤석금 웅진그룹 회장입니다.

윤 회장은 다니던 회사를 나와 1980년 조그만 출판사를 설립해 30년도 안 되어 재계 33위의 기업을 일구며 사업가로 대성공을 거두었습니다. 영업사원 시절 자신을 문전박대했던 사장과 비교도 안 될 만큼 큰 부자가 되었음은 물론입니다.

가난한 청년을 한국의 100대 부자이자 그룹 회장으로 만든 비결은, 배경보다는 잠재력을 보고 사람을 뽑은 한 기업가의 인재관과 주위의 편견과 무시를 견디며 스스로 격려하고 미래를 준비한 열정이 아니었을까요.
그가 말했습니다.

> "젊은 시절 고생이 세상에 극복하지 못할 어려움은 없다고 믿게 했고 언제나 '잘할 수 있다', '다 잘될 것이다'라는 자신감과 긍정적인 생각을 갖게 했다."

이후 사업을 하며 혹독한 위기를 겪으면서도 윤 회장은 세일즈
맨 시절을 떠올리며 절망하지 않았습니다. 오히려 위기를 기회로
만드는 방법이 반드시 있을 것이라고 믿었습니다.

분함을 참고 자신을 격려할 줄 아는 사람은 언젠간 꼭 꿈을 이룰
것입니다.

# 19

## 아름다운
## 도전,
## 통쾌한 승리

타타모터스가 영국의 자존심 재규어와 랜드로버를 인수했다. 재규어는 영국 왕실의 차다.
그 옛날 호텔 앞에서 인도인이라는 이유로 문전박대를 당했던
식민지 청년의 열정이 100년 만에 빛을 본 것이다.

「개와 인도인은 출입금지」

19세기 말, 이런 팻말이 붙어 있는 호텔 문 앞에서 인도의 사업가 잠세트지 누세르완지 타타는 참을 수 없는 모멸감에 눈물을 흘렸습니다. 영국은 식민지 인도에, 인도인들을 노예처럼 부려 으리으리한 호텔을 지어놓고 정작 인도인은 투숙하지 못하게 했습니다.

'우리의 자존심을 이렇게까지 짓밟다니⋯'

식민지 조국에서 그래도 사업을 일으켜 제법 성공했고, 사업수완으로는 영국인 누구에게도 지지 않을 자신이 있었던 타타는 당장이라도 도끼를 가져와 그 치욕적인 팻말을 부숴버리고 싶었습니다. 그러나 타타는 입술을 깨물고 두 주먹을 불끈 쥐며 이렇게 결심했습니다.

'힘없고 가여운 인도인을 위해 영국 호텔보다 더 멋진 호텔을 지으리라.'

그리고 1903년 타타는 고향 뭄바이에 보란 듯이 영국인들이 보기에도 멋지고 웅장한 호텔을 지었습니다. 신비로울 만큼 아름다운 아라비아 해海가 내려다보이는, 오늘날 세계에서 손꼽히는 타지마할 호텔은 그렇게 탄생했습니다.

간디가 인도의 정신적 지주라면 타타그룹의 창업자인 잠세트지 타타는 '인도 경제의 간디'로 통합니다. 간디가 비폭력 무저항으로 인도의 독립을 위해 투쟁했다면, 타타는 식민지 조국에서 민족산업을 일으켜 자립경제의 기틀을 마련했습니다.

1868년 타타가 민족애와 맨주먹으로 설립한 조그만 무역회사는 140년이 지난 지금 인도의 국민기업이자 세계적인 기업으로 성장했습니다. 우리나라로 치면 삼성전자<sup>반도체</sup>, 포스코<sup>철강</sup>, 현대자동차<sup>자동차</sup>, 대한항공<sup>항공</sup>, 한전<sup>발전</sup> 등을 모두 합한 어마어마한 그룹입니다. 현재 섬유, 농기구, 시멘트, 철강, 전력, 화학, 기관차, 트럭, 항공, 나노 등 25개 분야, 100개가 넘는 계열사를 둔 타타그룹의 연매출은 625억 달러에 달하는데, 이는 인도 GDP의 5.3퍼센트에 해당하는 규모입니다.

타타그룹이 이처럼 한 세기 반 가까이 지속 성장할 수 있었던 것은 창업자 타타의 숭고한 민족애에 기반을 둔 경영철학이 면면히 이어져 내려왔기 때문입니다. 타타그룹은 식민지 시대와 독립 후 가난으로 고통받는 인도인과 함께 숨 쉬며 성장했습니다.

타타는 영국 제국주의의 수탈이 극에 달하던 20세기 초, 방직공장을 설립해 적잖은 돈을 모았습니다. 식민지인이었지만, 타타는 편하게 살려고 마음먹으면 얼마든지 편하게 살 수 있을 만큼 부자였습니다. 그러나 그는 더 많은 인도인을 위해 사업을 해야 한다고 생각했습니다.

민족산업을 키우고 인재를 육성해 영국의 지배로부터 벗어나 인도를 영국보다 더 부강한 나라로 발전시키겠다고 다짐했습니다. 타타가 방직사업으로 모은 돈을 제철사업에 쏟아부은 것도 그런 신념에서였습니다. 그는 철이 장차 인도인을 먹여 살릴 '산업의 쌀'이라고 생각했습니다.

> '우리 손으로 철을 얻을 수만 있다면 인도인이 탈 수 있는 기차도, 인도인이 잘 수 있는 호텔도 지을 수 있다.'

그러나 영국은 인도인이 방직사업 같은 경공업에 투자하는 것은 어느 정도 허용했지만, 국가의 기간산업을 이루는 중공업에 진출하는 것은 극도로 경계하며 방해했습니다. 하지만 타타는 무력과 자본력으로 무장한 영국 정부와 사업자들의 온갖 방해공작에도 제철보국의 의지를 꺾지 않았습니다.

타타가 식민지 토종기업의 불리한 조건을 뚫고 마침내 탄생시킨 철강사가 바로 타타스틸입니다. 타타스틸은 용광로에서 쇳물을 뿜어낸 이후 세계적인 철강사로 거듭났습니다. 제2차 세계대전 당시 유럽전선에 투입된 장갑차와 대포의 대부분이 타타스틸의 철로 만들어졌을 정도입니다.

타타의 생각대로 타타스틸은 타타그룹이 다른 사업분야로 계속 확장하는 원동력이자 초일류 그룹으로 부상하는 기반이 되었습니다.

타타그룹이 140년 동안 지속 성장할 수 있었던 것은 맨 처음 철을 만들었기 때문만은 아닙니다. 강철보다 단단한 신뢰와 지지를 인도 국민들로부터 받았기에 숱한 위기에도 흔들리지 않고 우뚝 설 수 있었습니다. 타타는 인도 국민을 위해 기업을 만들었고, 타타그룹이 인도 국민의 피땀으로 성장했음을 죽을 때까지 잊지 않았습니다.

'기업 이익은 사회로 환원해야 한다'는 타타의 믿음은 너무나 당연한 것이었습니다. 타타그룹은 기업 이익을 사회로 되돌려주었습니다. 우선 지주회사인 타타선즈가 순자산의 66퍼센트를 기부해 재단을 설립했습니다. 이 재단을 통해 과학기술·의료 분야와 NGO에도 기금을 지원해오고 있습니다. 해마다 사회로 환원하는 돈은 그룹 순익의 4퍼센트에 달합니다.

타타그룹의 회사 정관에는 소비자, 종업원, 주주는 물론 지역사회에 대한 회사의 의무 조항이 있습니다. 타타 일가가 보유한 주식이나 결정권은 미미합니다. 타타그룹 계열사들의 주식을 가진

모기업의 주식은 자선재단 지분이 80퍼센트에 달하고 타타 일가의 지분은 3퍼센트대에 불과합니다.

타타그룹은 직원을 아끼는 데에서도 타의 추종을 불허합니다. 타타스틸은 세계에서 가장 먼저 근로자의 복지에 신경을 쓴 기업입니다. 1912년 어느 기업도 생각하지 못했던 '하루 8시간 근무제'를 도입했고, 1920년에는 유급휴가제와 후생연금제도, 산재보장제와 근로자를 위한 연수프로그램을 시작했습니다. 1930년대에 이미 지금도 실시하기 어려운 '이익배분형 보너스'를 지급하고 1953년에는 노사가 참여하는 합동자문회의를 도입했습니다.

이런 직원복지제도가 서구 기업들보다 반세기나 먼저 이루어진 혁신이란 점에서 타타그룹이 얼마나 직원사랑을 앞서 실천했는지 알 수 있습니다.

경영진의 이런 노력은 직원들의 전폭적인 지지와 충성을 이끌어 냈고 그 결과 회사는 더욱 성장할 수 있었습니다. 타타그룹은 인도에서만 존경받는 기업이 아닙니다. 2008년 미국의 경제전문지 〈포브스〉는 타타그룹을 '세계에서 존경받는 6대 기업'으로 선정했습니다.

영국 식민지 시대의 아픔을 딛고 출범한 타타그룹은 보란 듯이 영국을 극복해왔습니다. 타타스틸은 영국 최대의 철강회사 코러스를 인수했으며, 타타티는 영국의 테틀리를 인수해 세계 2위의 차 브랜드로 성장했습니다.

2008년에는 타타모터스가 영국의 자존심 재규어·랜드로버를 인수하기까지 했습니다. 재규어는 영국 왕실의 의전용 차입니다. 그 옛날 호텔 앞에서 인도인이라는 이유로 문전박대를 당했던 식민지 청년 잠세트지 타타의 열정이 100년 만에 빛을 본 쾌거가 아닐 수 없습니다. 타타의 민족과 직원에 대한 측은지심, 그들의 노고에 감사할 줄 아는 겸손이 결국 통쾌한 승리를 만들어낸 것입니다.

애정이 있는 도전은 더 아름답습니다.

# 20

전선도
뛰어넘은
기업가 정신

후발주자로 굴지의 미국 · 유럽의 타이어 메이커들을 제치고 세계 최고로 우뚝 선
브리지스톤의 성장사에는 전선도 뛰어넘는 기업가 정신이 있었다.

도요타가 일본 자동차의 신화라면, 브리지스톤은 일본 타이어의 전설입니다. 타이어 불모지에서 후발주자로 뛰어들어 서구의 선진 타이어 메이커를 모두 제치고 세계 1위로 우뚝 올라섰습니다.

현재 전 세계 자동차 다섯 대 중 한 대는 브리지스톤 타이어를 장착하고 있습니다. 브리지스톤은 '꿈의 자동차 경주'로 불리는 포뮬러원[F1]에 독점적으로 타이어를 공급할 정도로 세계 최고의 기술력을 자랑합니다.

1906년 브리지스톤의 창업자 이시바시 쇼지로는 아버지가 운영하던 조그만 바느질 가게를 물려받았습니다. 고작 열일곱이던 그는 '일생을 바쳐 사업을 할 거라면 세계적인 기업으로 키워 세상에 도움이 되겠다'는 야무진 꿈을 품었습니다.

쇼지로가 물려받은 바느질 가게는 도제식으로 운영되고 있었습니다. 직원이라기보다는 제자에 가까웠는데, 기술을 가르쳐주고 숙식을 제공하는 것이 고작이었습니다. 가게 운영을 맡은 쇼지로는 그들을 직원으로 대접하고 월급을 주기 시작했습니다. 당시에는 파격적인 조건이었습니다. 쇼지로는 일하는 제자들에게 감사할 줄 알았고 그만큼 보답해야 한다고 생각했습니다.

쇼지로의 앞선 인재론을 듣고 우수한 직원이 모여들면서 회사는 더욱 번창했습니다. 처음엔 양말공장을 짓고, 나중엔 신발공장도 세웠습니다. 쇼지로는 신발이나 양말이 비싼데도 빨리 닳아 맨발로 다니거나 불편한 나막신을 신고 다니는 서민들이 안쓰러웠습니다.

쇼지로는 직원들과 머리를 맞대고 연구를 거듭한 끝에 싸고 질긴 양말과 신발을 만들어 소비자들로부터 큰 호응을 받았습니다.

하지만 쇼지로의 도전은 사람이 신는 양말이나 신발에 머물지 않았습니다.

당시 미국과 유럽에서 자동차가 급속도로 보급되는 것을 보고, 쇼지로는 '자동차의 신발'이라 할 수 있는 타이어를 만들겠다고 결심했습니다.

하지만 그 시절 일본에는 자동차가 많이 보급되지도 않았고, 타이어를 자체 기술로 만든다는 것은 거의 불가능했습니다. 대부분 미국과 유럽에서 만든 타이어를 수입하고 있었는데, 선진 메이커들은 혹시라도 자사의 기술이 유출될까 보안유지에 만전을 기하고 있었습니다.

쇼지로는 팔방으로 뛰어다니며 타이어 제작 기술을 배우려고 안간힘을 썼습니다. 선진 메이커의 타이어를 가져다 산산조각 낸 후 어떤 공정을 거쳐 만들었는지 추적하기도 했습니다. 숱한 시행착오를 겪으며 마침내 타이어를 출시했지만, 품질이 입증되지 않은 후발업체의 타이어를 구입하는 소비자는 별로 없었습니다.

그나마 판매한 타이어도 장착한 지 얼마 안 되어 펑크가 나기 일쑤였습니다. 업계에서 브리지스톤은 타이어 사업을 포기해야 한다고 입을 모았습니다. 회사 안에서도 같은 의견이었습니다. 그러나 쇼지로는 포기하지 않았습니다.

쇼지로는 이렇게 지시했습니다.

"어떤 고객이라도 펑크 난 타이어를 가지고 오면 모두 교환해주라."

고객의 불만을 겸허하게 받아들여야 무엇이 문제인지 알 수 있고, 그 속에서 품질개선이 이루어질 수 있다고 믿었기 때문입니다. 물론 이런 조치를 악이용하는 비양심적인 운전자도 많았습니다. 낡은 타이어를 일부러 송곳으로 뚫은 다음 바꿔달라고 하는 경우까지 있었습니다. 하지만 이런 부작용에도 쇼지로는 품질개선이 이뤄질 때까지 무상교환의 원칙을 바꾸지 않았습니다.

타이어를 개발하는 데에 적잖은 비용이 들어간데다, 반품된 타이어가 산처럼 쌓여가면서 브리지스톤은 극심한 자금난에 시달려야 했습니다. 수십 년 동안 형제처럼 거래하던 은행마저 추가로 대출을 해줄 수 없다고 했습니다.

하지만 믿었던 은행의 배신에 재무담당자가 분개할 때도 쇼지로는 "돈을 쉽게 빌려주는 은행이 나중엔 기업을 약하게 만든다"며 오히려 은행을 두둔했습니다.

쇼지로는 힘들 때마다 남을 원망하기보다 자신을 더욱 단련하고 의지를 다지는 계기로 삼았습니다. 그런 난관을 극복한 후, 후발주자 브리지스톤이 세계적인 타이어 메이커로 발돋움하는 결정적인 사건이 있었습니다.

태평양전쟁이 한창이던 1942년, 일본군은 인도네시아 자바 섬을 점령하고 생각지도 못한 전리품을 발견했습니다. 세계적인 고무 생산지인 자바 섬에는 당시 미국계 타이어 기업인 굿이어가 대규모 공장을 지어 가동하고 있었습니다.

서구 열강을 상대로 전쟁을 일으킨 일본군에게 타이어는 중요한 군수물자 중 하나였습니다. 일본군은 자바 섬을 점령하면서 접수한 자바 공장을 군수용 타이어 보급기지로 활용하는 방침을 세웠습니다.

하지만 자바 공장에서 일하던 기술자들은 이미 퇴각하는 미군과 함께 피난을 가버려 아무도 공장을 움직일 수 없었습니다. 일본 군부는 자바 공장의 운영을 자국 타이어회사인 브리지스톤에 맡기려고 했습니다.

쇼지로는 무력으로 빼앗은 남의 공장을 대신 운영한다는 것이 결코 내키지 않았지만, 군부의 위협적인 요구를 거절할 수도 없는 입장이었습니다. 하는 수 없이 자바 공장 운영을 맡게 된 쇼지로는 직원들을 파견하면서 이렇게 말했습니다.

> "이 전쟁은 승리를 예측하기 어렵다. 만약 전쟁에서 일본이 진다면 군부가 분노해 어떤 명령을 내릴지 모른다. 하지만 우리는 공장을 원래 주인에게 온전한 상태로 돌려주어야 한다."

3년 후, 패색이 짙어진 일본군은 쇼지로의 말처럼 자바 섬에서 퇴각하며 자바 공장을 소각하려고 했습니다. 중요한 군수용 타이어 공장이 연합군의 수중에 들어가면 전세가 더 불리해질 것이라고 판단했기 때문입니다. 그러나 3년 전 공장을 사수하라는 쇼지로의 엄명을 받은 관리자는 모든 수단을 동원해 공장이 잿더미가 되는 것을 막았습니다. 오히려 굿이어가 경영할 때보다도 잘 정비된 상태로 굿이어에게 공장을 넘겨주었습니다.

쇼지로가 자바 공장을 굿이어에 온전한 상태로 넘겨주어야 한다고 생각했던 것은 기업가로서 굿이어에 대한 미안함과 고마움을 느꼈기 때문입니다. 타이어를 개발하려고 온갖 시련을 겪어야 했던 그는 자바 공장의 가치를 누구보다 잘 알고 있었습니다. 비록 군부의 강요로 경영을 맡게 되긴 했지만, 선진 업체가 피땀 흘려 키워놓은 공장에서 타이어를 생산할 수 있었기에 굿이어에 오히려 감사했습니다.

쇼지로의 이런 기업가 정신은 굿이어의 CEO 리치필드를 감동시키기에 충분했습니다. 일본이 항복한 직후, 리치필드는 쇼지로를 미국 본사로 초청했습니다. 리치필드는 공장을 무사히 돌려준 것에 감사하면서 굿이어가 보유한 타이어 제작기술을 브리지스톤에 전수해주겠다고 약속했습니다.

이후 브리지스톤은 굿이어로부터 선진 타이어 기술을 배워 나중에 굿이어보다 더 큰 회사로 성장했습니다.

후발주자로 굴지의 미국·유럽의 타이어 메이커들을 제치고 세계 최고로 우뚝 선 브리지스톤의 성장사에는 이처럼 전선도 뛰어넘는 기업가 정신이 있었습니다.

# 21

## 눈 뜨고 고른 초콜릿

고고학자는 20년 넘게 각종 그릇을 비롯한 수많은 유물을 발굴했다.
하지만 입양한 아들과 딸만큼 훌륭한 보물을 발견하지는 못했다고 한다.

어느 고고학자와 '입양의 기쁨'을 주제로 이야기를 나눈 적이 있습니다.

고고학자는 1980년대 초 신학대학원에 다니던 시절, 미국에서 초빙되어온 여교수와 사랑에 빠졌습니다. 당시만 해도 한국 남자가 미국 여성과 결혼하는 것은 아주 드문 일이었습니다. 특히 고고학자의 집안에서 반대가 심했습니다. 학교에서도 달가워하지 않았습니다. 하지만 고고학자는 부모님을 설득해 마침내 결혼에 골인했습니다.

신혼 시절, 하루는 고고학자의 아버지가 찾아와 혀를 차면서 말했습니다.

> "참 이상한 일도 다 있지. 동네 사는 어떤 노파가 갓난아이를 안고
> 찾아와 자기 아들이 아이를 낳았는데 형편이 어려워 도저히 키울

수 없으니 맡아줄 수 없느냐고 하지 않겠니? 미국 사람들은 한국 아이를 많이 입양한다고 들었는데 미국 며느리를 봤으니 혹시 가능하지 않겠느냐면서 말이다. 내가 말도 안 되는 소리를 한다며 돌려보냈다."

고고학자도 처음 그 얘기를 들었을 때는 대수롭지 않게 생각했습니다. 그런데 아내와 함께 미국으로 유학 간 다음 이상하게도 그 아기 얘기가 자꾸 떠오르곤 했습니다. 아기를 본 적이 없는데도 계속 머릿속에서 떠나질 않았습니다.

그러던 어느 날, 자녀계획을 상의하다 아내에게서 뜻밖의 제안을 받았습니다.

"입양을 하는 게 어떨까요?"

순간 고고학자는 예전에 아버지가 들려준 갓난아기 이야기를 떠올렸습니다. 그리고 고심 끝에 입양을 결심했습니다. 한국의 입양기관에서 의뢰해 태어난 지 여덟 달 된 남자아기를 입양할 수 있었습니다.

그런데 두 달쯤 지났을 무렵 아기에게 심상찮은 변화가 생겼습니다. 몸이 점점 부어오르더니 두 달 새 몸이 두 배로 커졌습니다. 병원에서는 치료가 불가능한 선천성 신장염이라고 진단했습니다. 딱히 치료약이 없어 병이 악화되지 않도록 독한 스테로이드를 쓸 수밖에 없다고 했습니다.

고고학자 부부는 암담했습니다. 미국 전역을 돌며 명의를 찾아다녔고, 학업 때문에 이스라엘로 이사를 가서도 그곳의 유경한 의료진에게 아이를 치료해달라고 사정했습니다.

그러나 이스라엘 의료진도 가망이 없다고 진단했습니다. 스테로이드밖에 줄 수 없고, 스테로이드를 장기적으로 투여하게 되면 견딜 수 없을 정도로 고통스럽고 성장이 멈추는 치명적인 부작용이 생길 것이라고 했습니다.

부부는 아이가 고통을 이겨내며 살아 있다는 사실만으로도 감사했습니다. 부부는 아이에게 희망을 심어주고 싶었습니다. 그래서 아이가 다섯 살이 되었을 때 동생을 만들어주기로 했습니다. 아이를 데리고 한국의 입양기관을 찾았습니다. 아이가 직접 선택한 여동생을 데리고 와서 함께 키웠습니다.

그런데 입양 당시 멀쩡하던 딸아이에게도 이상 증세가 보이기 시작했습니다. 누워 있을 때면 눈의 초점이 늘 위쪽을 바라보는 것 같기도 하고 소리를 잘 못 듣는 것 같기도 했습니다.

처음에는 발육이 조금 늦는 정도로 생각했는데, 네 살이 되어도 나아지지 않아 병원에 데려가 보았더니 선천적으로 집중력이 부족한 ADD증후군이라고 했습니다.

그러던 어느 날, 고고학자는 신기한 경험을 하게 되었습니다. 한국에 잠시 들렀다가 지인의 초청으로 음악회에 가게 되었는데, 그곳에서 어린 첼리스트 장한나가 연주하는 것을 보았습니다.

처음에는 그저 어린아이가 참 잘한다고 생각했는데, 자꾸만 연주하고 있는 장한나의 얼굴에 집에 있는 딸아이의 얼굴이 겹쳐 보였습니다. 아무리 눈을 씻고 다시 봐도 공연이 끝날 때까지 딸아이의 얼굴이 사라지지 않았습니다. 마침내 눈물이 줄줄 흘러내렸습니다.

함께 간 사람들은 고고학자가 연주에 감동해 그런다고 생각했지만 고고학자는 딸아이에게 악기를 배우도록 하면 어떨까 생각하고 있었습니다.

아내는 물론 주위에서도 반대가 심했습니다. 집중력이 부족한 데다 소리를 잘 듣지도 못하는 아이에게 악기를 배우게 한다는 것 자체가 말이 안 된다고 했습니다.

하지만 고고학자는 마치 하나님의 계시라도 받은 것처럼 네 살도 안 된 딸아이를 예루살렘에 있는 루빈음악원에 보냈습니다. 그곳에서 딸아이는 바이올린을 배우기 시작했습니다. 2주 정도 지났을 즈음 딸아이를 가르치던 교사가 고고학자를 호출했습니다.

도저히 가르칠 수 없으니 아이를 데려가라는 줄 알고 면담을 했는데, 오히려 교사는 이렇게 말했습니다.

"이 아이는 수십 년 동안 가르친 아이 중에서 가장 재능이 뛰어
납니다."

딸아이의 실력은 날로 향상되었습니다. 일곱 살에는 예루살렘 심
포니오케스트라와 협연하며 이스라엘의 신동으로 화려하게 데
뷔했습니다. 지휘자 아리엘 주커만은 "음악을 놀라운 깊이로 해
석하는 이해력과 참된 명연주자로서 기술을 발휘해 청중의 넋을
빼앗는 천부적인 바이올리니스트"라고 극찬했습니다.

전미 콩쿠르를 석권한 딸아이는 한국에도 초청되어 KBS교향악
단과 여러 차례 협연하기도 했습니다. 첫 협연 때 음악평론가들
은 "한 치의 흐트러짐도 없이 전율하게 하는 연주"라고 평가했습
니다.

그 후 아이는 미국에서 시카고음악원의 알미타 바모스 교수와 마르코 드레허 교수의 지도를 받게 되었습니다. 동시에 금세기 최고의 음악가로 불리는 이작 펄만에게도 가르침을 받았습니다.

딸아이가 음악적 재능을 발현하며 성장하는 사이 오빠인 아들아이에게도 기적이 일어나고 있었습니다. 병마와 싸우며 늘 의기소침하던 아들이 열두 살쯤 되었을 때 아버지에게 말했습니다.

> "몸이 가벼워지는 것 같아요. 잠도 잘 오고 먹어도 또 먹고 싶어지는 게 어쩐지 이상해요. 무서워요."

나중에 안 일이지만 그것은 몸이 정상으로 돌아오고 있음을 알리는 신호였습니다. 의사들은 믿을 수 없는 일이라고 했습니다. 의사들은 병이 호전된 것이 스테로이드에 의한 일시적인 효과일 뿐이라고 했지만, 고고학자는 막연하게 새로 생긴 동생과 가족을 통해 희망과 생명력을 얻었기 때문이라고 믿었습니다.

우선 스테로이드를 반으로 줄였습니다. 그런데 아들의 상태는 더 좋아졌습니다. 스테로이드 투여를 중단하자 아들은 완전하게 정상이 되었습니다.

그동안 제대로 성장하지 못한 키가 한꺼번에 자라기도 하듯 하루가 다르게 쑥쑥 자랐습니다. 스무 살이 된 아들은 180센티미터의 근육질 몸매를 갖춘 건장한 청년으로 성장했습니다. 아마추어 미식 축구선수로 뛰고 있을 정도로 튼튼해졌습니다. 아버지를 한쪽 팔에 매달고 몇 바퀴를 돌 정도로 기운이 세졌습니다.

아들과 딸을 키우면서 고고학자는 입양의 기쁨을 다른 사람들과 공유하면 좋겠다고 생각했습니다. 입양의 의미와 입양가족의 행복을 널리 알리기 위해 여러 활동을 시작했습니다.

"가끔 그런 생각을 해봅니다. 우리 딸이 입양되지 않고 보육원에서 자랐다면 지금처럼 재능을 발현할 수 있었을까 하고요. 딸아이를 입양하게 된 것도 아들아이에게 병을 이기고 살아갈 희망을 만들어주기 위함이었으니 우리가 아들아이를 입양하지 않았다면 딸아이도 입양하지 않았을지 모릅니다. 우리 아들딸이 우리 부부는 물론 세상에 온 축복이 아닐까 생각합니다.

입양을 결심하는 것도 어려운 일이지만, 입양 사실을 공개하는 것은 더 어려운 일 같습니다. 아이가 상처를 받을지도 모른다는 생각에 처음부터 아이에게 입양 사실을 숨기거나 가족끼리는 알아도 바깥에 알리지 않는 경우가 많은 게 현실입니다. 물론 요즘은 조금씩 공개하는 쪽으로 바뀌고 있긴 하지만요.

아직 한국에서는 그런 '쉬쉬' 하는 분위기도 있는 것 같아요. 하지만 제가 아이들을 입양해 키운 미국이나 이스라엘에서는 입양이 아주 특별한 일이 아닙니다. 실제로 주위에 입양으로 맺어진 가족이 비일비재하니까요.

한국에서는 입양 사실을 외부에 숨기기도 한다지만 저희 가족은 그럴 필요도 없었고, 아내가 외국인이었기 때문에 숨길 수도 없었답니다. 아들딸에게도 엄마 아빠가 너희를 입양해 키웠다는 사실을 알려주었습니다. 두 아이 모두 자연스럽게 받아들였기에 나중에 자라서도 충격을 받거나 하는 일은 없었습니다. 저는 공개적으로 입양하고 나중에도 입양 사실을 공개하는 것이 맞다고 봅니다."

아이들 병을 고치겠다고 고고학자 부부가 동분서주할 때 주위에서 입양하지 말 걸 그랬다고 말하는 사람도 있었습니다. 하지만 부부는 아이들을 입양한 것을 후회해본 적이 없습니다. 입양했든, 낳았든 모두 자식이었기 때문입니다.

아이들이 입양아라고 상처를 받았던 적도 있었습니다.

하루는 아들아이가 학교에서 친구와 싸우고 울면서 집으로 왔습니다. 얘기를 들어보니 학급 친구와 다투다가 "너는 입양된 아이니까 형편없는 놈"이라며 놀렸다고 했습니다. 어릴 때부터 자연스럽게 입양 사실을 알고 있었던 아들아이도 친구의 말 때문에 입양이 놀림당할 일인지도 모른다는 생각을 처음 하게 된 것입니다.

고고학자는 가슴이 아팠습니다. 고심 끝에 아이디어를 하나 떠올렸습니다. 초콜릿을 크기별로 잔뜩 사다가 그릇에 담아놓고 아이에게 보여주며 눈을 감고 골라보라고 했습니다. 작은 것을 집었습니다. 그런 다음 눈을 뜨고 집어보라고 했습니다. 이번에는 큰 것을 집어냈습니다. 고고학자가 말했습니다.

> "눈을 감고 고르면 작은 초콜릿을 고르지만, 눈을 뜨고 고르면 큰 초콜릿을 고를 수 있지 않니? 부모가 낳은 아이는 눈을 감고 고른 아이지만, 입양한 아이는 눈을 뜨고 골랐으니 네가 훨씬 크고 좋은 아이야."

다음 날 아들을 놀렸던 친구의 아빠가 고고학자에게 전화를 했습니다.

"아이가 울면서 들어와 자기는 눈 감고 고른 초콜릿이라고 했다는데, 도대체 아드님에게 무슨 얘기를 하셨습니까?"

고고학자는 20년 넘게 각종 그릇을 비롯한 수많은 유물을 발굴했습니다. 하지만 입양한 아들과 딸만큼 훌륭한 보물을 발견하지는 못했다고 합니다.

고고학자는 두 아이를 입양해 키우면서 그 아이들이 잘 자라 준 것이 우리 가족의 행복이라고 생각하면서도 그 행복과 기쁨을 더 많은 사람에게 전할 수 있어야 한다고 말했습니다. 딸아이가 재능을 꽃피우고 훌륭한 연주를 하면서, 입양이라는 것이 얼마나 많은 기회를 만들어내고 얼마나 큰 행복을 가져다주는지 함께 느꼈으면 좋겠다고 했습니다.

우리나라 보육원에서 입양을 기다리는 아이가 한 해에 9천 명이 넘는데, 실제로 입양되는 아이는 3천 명이 안된다고 합니다. 해마다 6천 명의 아이가 보육원에 남아 있어야 하는데, 만 18세가 되면 보육원에서 나와야 합니다. 가정에서 보호받으며 성장하지 못한 아이들이 사회에 나가는 것은 아이에게도 사회에도 바람직하지 못한 일입니다.

저출산이 국가적 문제가 될 만큼 심각해졌는데도 이미 태어난 아이에 대해서는 제대로 키울 가정을 찾아주지 못하는 것도 안타까운 일입니다.

입양 홍보를 하는 어느 활동가는 열 명이나 되는 입양아동을 키우고 있다고 합니다. 그렇게 많은 아이를 입양하게 된 이유가 더 안타까웠습니다. 자녀를 입양했다가 경제적 문제를 비롯한 여러 이유로 양육을 중도에 포기하고 기관으로 돌려보내진 아이들에

게 두 번 상처를 줄 수 없어 거두어 키우다 보니 그렇게 되었다는
겁니다.

# 22

## 마지막의 아쉬움, 공감하십니까?

못 견디게 미운 사람이 있으면 이렇게 생각해보면 어떤가.
'이 사람과 만나는 것이 이번이 마지막일지도 모른다.'

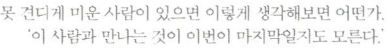

우리가 누군가를 미워하는 것은 그가 미운 짓을 하기 때문이겠지만, 그보다는 미운 그와 계속 함께해야 한다는 두려움이 더 크기 때문일 겁니다. 못 견디게 미운 사람이 있으면 이렇게 생각해보면 어떨까요?

'이 사람과 만나는 것이 이번이 마지막일지도 모른다.'

순간 증오심이 차츰 사라지고 측은지심이 샘솟을지도 모릅니다. 마지막이라고 생각하는 것만으로도 마음을 치유할 수 있는 것이지요. 사람은 이별 앞에서 미움을 잠시 내려놓게 마련입니다.

반복되는 업무와 일상 속에서 우리가 행복의 의미를 찾는 방법으로도 이번이 마지막이라고 생각하는 것이 꽤 효과적일 것 같습니다.

아무 생각 없이 지내는 평범한 하루가 인생의 마지막 날이라면 과연 누가 지루하다 할 수 있겠습니까? 또 십수 년째 해오는 일과가 오늘이 마지막이라면 그저 그렇게 보낼 수는 없겠지요.

더 나은 내일을 꿈꾸는 것이 꼭 좋은 것만은 아닐지도 모릅니다. 너무 멀리 보는 것이 때로는 지금 하고 있는 일을 무의미하게 만들기도 하니까요.

이 글을 한 편 한 편 쓰면서도 '마지막의 마술'을 걸어보았습니다. 공감할 수 없는 얘기를 하고 있는 것은 아닌지 불안할 때가 많아 항상 자신감을 잃곤 했던 나는 늘 이번이 마지막이었으면 좋겠다 생각하고 마감을 했습니다.

마지막 글이라고 생각하고 남은 힘을 다 쏟아부었습니다. 제 글을 읽은 여러분도 이번이 마지막이라는 생각으로 조금은 관대하게 받아들이며 공감해주시기를 간절히 바랐습니다.

그러나 나의 미천한 지혜로 누구나 공감할 수 있는 글을 쓰기란 처음부터 불가능한 일이었겠지요. 다만 제가 겪는 아픔이, 제가 고민하는 문제가, 제가 바라는 세상이 저만의 것이 아니기를 바랐습니다.

내 마음이 참 간사한 모양입니다. 매번 쓸 때마다 마지막이라고 생각했던 내 글이 정말로 마지막이 되고 나니 아쉬움이 남는 것을 보면 말입니다. 이런 기분, 여러분은 공감하십니까?

다소 공감이 가지 않는 얘기에도 귀 기울여주신 여러분의 인내에 감사합니다.